V. Raymond Edman
DAS BEFREITE LEBEN

V. RAYMOND EDMAN

Das befreite Leben

VERLAG SCHULTE + GERTH ASSLAR

Die amerikanische Originalausgabe erschien im Verlag Zondervan Publishing House, Grand Rapids, Mich. unter dem Titel „They found the Secret"

Aus dem Amerikanischen von Alfred Schmidt
1963 erschien das Buch im Onken-Verlag, Kassel, unter dem Titel „Das ausgetauschte Leben".

Bestell-Nr. 15 513
ISBN 3-87739-513-9
1. Auflage 1983
Umschlaggestaltung: Herybert Kassühlke
Satz: Typostudio Rücker + Schmidt
Druck: Druckhaus Benatzky, Hannover
Printed in Germany

INHALT

Vorwort 7

J. Hudson Taylor 11
Das ausgetauschte Leben

John Bunyan 21
Das befreite Leben

Amy Carmichael 31
Das strahlende Leben

Oswald Chambers 41
Das „höchste" Leben

Charles G. Finney 49
Das kraftvolle Leben

Adoniram J. Gordon 61
Das zuchtvolle Leben

Richard C. Halverson 71
Das leidenschaftliche Leben

John Hyde 81
Das triumphierende Leben

Dwight Lyman Moody 87
Das dynamische Leben

Andrew Murray 95
Das beständige Leben

William P. Nicholson 103
Das gewinnende Leben

Eugenia Price 117
Das vertrauende Leben

Charles G. Trumbull 127
Das sieghafte Leben

W. Ian Thomas 135
Das abenteuerliche Leben

Persönlicher Epilog 145

Schluß 157

Aus rechtlichen Gründen mußte der frühere Titel des vorliegenden Buches „Das ausgetauschte Leben" geändert werden.

VORWORT

Immer wieder treffen wir im Leben Menschen, von denen ein Leuchten ausgeht, Menschen, die einen inneren Reichtum offenbaren und eine solche Wärme und ein so sieghaftes Wesen ausstrahlen, daß wir davon gepackt werden und aufmerken.

Solche Menschen finden wir nicht nur in Biographien früherer Zeiten, wir können ihnen mitten im zwanzigsten Jahrhundert begegnen!

Was sie im einzelnen erlebt haben, ist ganz verschieden. Doch wenn wir ihre Lebensgeschichte eingehender prüfen, werden wir erkennen, daß in ihren Erlebnissen ein bestimmtes Schema waltet. Und hier enthüllt sich ihr Geheimnis. Aus Mutlosigkeit und Niederlagen sind sie zum Sieg, aus Schwachheit und Müdigkeit zur Kraft gekommen. Aus einem untätigen und scheinbar nutzlosen Leben heraus haben sie sich in schaffensfrohe, begeisterungsfähige Menschen verwandelt.

Die Stufen dieser Entwicklung sind: Ichbetontheit; eigene Kraftanstrengung; wachsende innere Unzufriedenheit; Mutlosigkeit, die sich auch nach außen hin zeigt; Versuchung, alles aufzugeben, weil es keinen Ausweg mehr zu geben scheint – und dann die Entdeckung, daß der Geist Gottes ihre Kraft, ihr Führer, ihre Zuversicht und ihr Begleiter, mit einem Wort – ihr Leben ist.

Der Schlüssel zu dem Geheimnis ihrer Umwandlung ist eine bestimmte Krisis, ein Wendepunkt, der in ihrem geistlichen Leben eingetreten ist. Diese Krisis ist der Beginn des „ausgetauschten" Lebens.

Was versteht man unter dem ‚ausgetauschten' Leben?

Es ist in Wirklichkeit nicht *Etwas,* sondern *Jemand.* Es ist der Herr Jesus Christus, der in uns wohnt. Durch den Heiligen Geist wird Er in uns Wirklichkeit und macht unser Leben lebenswert.

Es bedeutet neues Leben anstelle des alten, Lebensfreude statt Überdruß und strahlendes Glück statt Traurigkeit. Es ist Kraft statt Schwachheit, Beständigkeit statt Unsicherheit. Es ist Sieg – wenn auch durch Tränen – und Empfindsamkeit des Herzens statt Empfindlichkeit. Es ist Demut statt Überheblichkeit. Es ist ein Leben der Schönheit, weil der Schönste immer gegenwärtig ist.

Jesus Christus hat gesagt: „Ich bin gekommen, daß sie das Leben und volle Genüge haben sollen" (Joh. 10,10). Das neue Leben finden wir dadurch, daß wir Christus als unseren persönlichen Erlöser von Sünde und Schuld annehmen. Volle Genüge in diesem Leben finden wir dann, wenn wir uns selbst ganz dem Herrn übergeben und aus den nie versiegenden Quellen des Allmächtigen schöpfen. Beides ist da – Leben und volle Genüge. Und das ist das ‚ausgetauschte' Leben.

Der Ausdruck ‚das ausgetauschte Leben' wurde, soviel ich weiß, zuerst von J. Hudson Taylor, dem Gründer der China-Inland-Mission, gebraucht. Aus innerem Kämpfen und Ringen, aus Mutlosigkeit und Niederlagen kam er zu der Erkenntnis und zur Verwirklichung eines Lebens ‚voller Genüge' in Christus. Ich finde, es gibt keine glücklichere Bezeichnung dafür.

Dieses Buch enthält Zeugnisse von Männern und Frauen, die die Erfahrung gemacht haben, daß die Verheißung eines Lebens voller Genüge wahr ist. Was sie erlebt haben, erzählen sie in zwangloser Form, ohne uns bis ins kleinste darüber belehren zu wollen, was sie aus ihrer Erfahrung gelernt haben. Aus der Vielzahl der Zeugnisse der letzten Jahrhunderte habe ich nur ein paar zur Veranschaulichung ausgewählt. Der innere Verlauf der Erlebnisse dieser Menschen ist vielfach der gleiche. Sie glaubten zwar an Christus, aber sie waren noch bedrückt und ratlos, hatten kein Vertrauen und brachten keine Frucht. Immer sehnten sie sich nach einem besseren Leben, doch nie erreichten sie es durch ihre eigenen Anstrengungen. Dann erlebten sie einen Wendepunkt, als sie nach völliger Herzensübergabe an Jesus Christus Ihm in den innersten Tiefen ihrer Seele begegneten. Sie machten dabei die Erfahrung, daß der Heilige Geist eine unerschöpfliche Quelle des Lebens und der Erquickung ist. Das Leben, das dann folgte, war nicht mehr dasselbe. Sie hatten in der einen oder anderen Weise nun selbst erfahren, was der Apostel Paulus bezeugt hat: „... ich bin mit Christus gekreuzigt. Ich lebe aber; doch nun nicht ich, sondern Christus lebt in mir. Denn was ich jetzt lebe im Fleisch, das lebe ich in dem Glauben des Sohnes Gottes, der mich geliebt hat und sich selbst für mich dargegeben." Neues Leben war für altes ‚ausgetauscht' worden.

Ganz bewußt habe ich Zeugnisse verschiedener Persönlichkeiten aus den verschiedensten Verhältnissen ausgewählt. Gott sieht nicht die Person an! Da sind Zeugnisse von Männern aus der Vergangenheit wie John Bunyan, aus der Gegenwart wie Richard C. Halverson und William P. Nicholson; von Geistlichen wie A. J. Gordon und Laien wie Dwight L. Moody.

Einige sind gut bekannt, zum Beispiel Charles G. Finney. Andere wieder sind weniger bekannt oder schon ganz vergessen. Es sind Mystiker dabei wie Andrew Murray und nüchterne, praktische Männer wie Charles G. Trumbull; Männer und auch Frauen: Amy Carmichael aus Indien und Eugenia Price aus dem heutigen Amerika.

Die Einzelheiten ihrer Erlebnisse in der Krisis ihres geistlichen Lebens sind völlig verschieden. Einmütig aber bezeugen sie, daß ihr Leben mit Freude und Kraft des Heiligen Geistes erfüllt worden ist. Nirgends lehrt uns die Heilige Schrift, daß wir ein Erlebnis suchen sollen. Vielmehr sagt das Wort: „Suchet den Herrn." Er ist das Geheimnis des ausgetauschten Lebens!

J. Hudson Taylor

Das ausgetauschte Leben

„Hudson Taylor ist jetzt ein fröhlicher Mann, ein strahlender, glücklicher Christ. Früher war er mühselig und beladen, ein Mensch, der sich abplagte und keine Ruhe fand. Jetzt ruht er in Jesus und läßt Ihn die Arbeit tun – das ist der ganze Unterschied!" So sprach ein Missionar, der mit Hudson Taylor zusammen arbeitete.

Der Pionier-Missionar im Inneren Chinas, der zu der klaren Erkenntnis gekommen war, daß der Heiland immer gegenwärtig ist und in uns wohnt, bezeugte: „Meine Seele ist so glücklich im Herrn! Wenn ich an den Segen denke, den Er mir an dem glückseligen Tage schenkte, weiß ich nicht, wie ich Ihm genug danken, wie ich Ihn preisen soll. Wir haben Jesus so nötig wie nichts anderes. Er ist das große Geschenk der Liebe unseres Vaters – und Er hat sich selbst *für* uns hingegeben und sich *mit* uns eins gemacht in einem Leben der Auferstehung und der Kraft."

Gott verfährt mit Seinen Kindern sehr verschieden, um mit ihnen ans Ziel zu kommen; aber die Methode, die Er dabei anwendet, scheint in allen Fällen ähnlich zu sein. Im Leben jedes Gläubigen gibt es eine Zeit, wo er sich bewußt wird, daß er versagt und alles das, was der Herr von ihm erwarten konnte, nicht erreicht hat. Dann kommt es zu einer entscheidenden Begegnung mit dem auferstandenen Herrn und zu einer völligen Übergabe an Ihn; das bedeutet den Tod des eigenen Ichs. Es folgt ein gläubiges Aneignen Seines Auferstehungslebens und als Folge davon ein überströmendes Leben, das der Herr Jesus mit „Strömen lebendigen Wassers" verglichen hat (Joh. 7,37-39).

Als junger Mann hatte Hudson Taylor den Herrn Jesus als seinen persönlichen Heiland angenommen und war dann sehr bald auf das Missionsfeld nach China gerufen worden. Dort hatte er fünfzehn Jahre lang eifrig und mit Erfolg gearbeitet, ehe er das ‚ausgetauschte Leben' an sich erfuhr. Im Alter von siebenunddreißig Jahren schüttete er seiner Mutter in einem langen Brief sein Herz aus. Man spürt darin, wonach er im Innersten hungerte und dürstete:

„Meine Stellung hier wird allmählich immer verantwortungsvoller, und ich brauche, um ihr gewachsen zu sein, immer mehr besondere Gnade. Aber ich bin dauernd traurig darüber, daß ich meinem herrlichen Meister in so weitem Abstand folge und so langsam lerne, Ihm ähnlich zu werden. Ich kann dir gar nicht sagen, wie mich manchmal die Versuchung quält. Ich habe nie gewußt, was für ein böses Herz ich habe. Aber das eine weiß ich: daß ich Gott und Sein Werk liebe und Ihm allein in allen Dingen dienen möchte. Ich bete Ihn an und verehre Ihn über alles, diesen herrlichen Heiland, in dem allein ich angenehm gemacht bin vor Gott. Oft denke ich, daß jemand, der so voller Sünde ist wie ich, überhaupt kein Kind Gottes sein kann. Doch versuche ich, diesen Gedanken immer von mir zu weisen und mich um so mehr an der Herrlichkeit Jesu zu erfreuen und an dem Reichtum jener Gnade, die uns hat ‚angenehm gemacht in dem Geliebten'. Er wird von Gott geliebt, Er muß auch von uns geliebt werden. Ach, wie komme ich auch hier wieder zu kurz! Möge Gott mir helfen, Ihn mehr zu lieben und Ihm besser zu dienen. Bete für mich. Bete darum, daß der Herr mich vor der Sünde bewahre, mich ganz heilige und mich mehr in Seinem Dienst gebrauchen möge."

Im menschlichen Herzen gibt es keine Wünsche, die Gott nicht befriedigen könnte. Die größte Schwierigkeit bereitet es dem Christen, die Verheißungen des Heilands wörtlich zu nehmen. Der Herr Jesus spricht: „Wen da dürstet, der komme zu mir und trinke!" Es wird uns also gesagt, daß wir zu Ihm kommen sollen, nicht zu irgendeinem Freund, nicht zu einem Erlebnis, nicht zu einem Gefühl oder zu einer Gemütsstimmung. Wir sollen nicht einmal zum Wort Gottes kommen; vielmehr müssen wir durch dieses Wort zu der Person des Herrn Jesus selbst kommen.

Den Weg zur Herzenszufriedenheit und Seelenruhe fand Hudson Taylor durch einen befreundeten Missionar, John McCarthy. Dieser schrieb ihm:

„Daß der Wille meines treuen Heilands in mir geschieht, das ist meine Heiligung. Dafür möchte ich durch Seine Gnade leben. In Ihm zu bleiben, nicht selbst zu kämpfen und sich abzumühen; wegzusehen auf Ihn; sich auf Seine lebendige Kraft zu verlassen; Ihm zu vertrauen, daß Er alle Verdorbenheit des Herzens unterdrückt; in der Liebe eines allmächtigen Retters zu ruhen, in der Freude einer gewissen, völligen Erlösung, einer Erlösung ‚von allen Sünden' (so hat Er es selbst gesagt); sich wirklich in Seinen als den höchsten Willen zu fügen – das alles ist nicht neu, doch ist es neu für mich. Mir ist, als ob die erste Morgenröte eines herrlichen Tages über mir angebrochen ist. Ich grüße sie mit Zittern, aber voller Vertrauen. Ich habe das Gefühl, als wäre ich nur bis ans Ufer eines Meeres gekommen, das ohne Grenzen ist – als hätte ich nur genippt von etwas, was völlige Befriedigung gibt. Christus ist mir jetzt buchstäblich die ganze Kraft und die einzige Kraft für meinen Dienst; Er ist der alleinige Grund meiner unveränderlichen Freude. Möchte Er uns in die Erkenntnis Seines unergründlichen Reichtums hineinführen."

Diesen Brief gebrauchte der Herr, um Hudson Taylor buchstäblich in die „Erkenntnis Seines unergründlichen Reichtums" zu führen. Taylor las ihn am Samstag, dem 4. September 1869, in der kleinen Missionsstation Chinkiang. Er war immer sehr zurückhaltend, wenn er über Einzelheiten des Erlebnisses sprach, das sein Leben umgestaltete. Aber das sagte er: „Während ich den Brief las, wurde mir alles klar. Ich blickte auf Jesus, ... und welch eine Freude strömte da in mein Herz!"

Die anderen Missionare berichteten: „Mr. Taylor ging als ein neuer Mensch in eine neue Welt hinaus, um zu erzählen, was der Herr an seiner Seele getan hatte."

Hören wir, was der Gottesmann selbst über „das Leben, das Christus ist", sagt. Er schrieb an seine Schwester in England:

„Ich habe noch nie so viel und dabei so verantwortungsvolle und schwierige Arbeit gehabt wie jetzt. Doch die Last und der Druck sind ganz von mir genommen. Die letzten Wochen sind vielleicht die glücklichsten meines Lebens gewesen, und es drängt mich, Dir ein wenig von dem zu erzählen, was der Herr an meiner Seele getan hat. Ich weiß nicht, ob ich es Dir richtig klarmachen kann, denn eigentlich ist es gar nichts Neues oder Seltsames oder Wunderbares – und doch, es ist alles neu! Mit anderen Worten: ‚Ich war blind und bin nun sehend'.

Als meine Seelenqual den Höhepunkt erreicht hatte, gebrauchte der Herr einen Satz in einem Brief des teuren McCarthy, bei dem es mir wie Schuppen von den Augen fiel. Der Geist Gottes enthüllte mir die Wahrheit unseres Einsseins mit Jesus in einer Weise, wie ich es niemals vorher erkannt hatte. McCarthy, der auch immer von dem Gefühl inneren Versagens gequält worden war, der aber vor mir zur Klarheit kam, schrieb mir (ich zitiere aus dem Gedächtnis): ‚Wie aber soll der Glaube gestärkt werden? Nicht dadurch, daß wir uns mühen und darum ringen, sondern dadurch, daß wir in dem ruhen, der treu ist'.

Während ich das las, wurde mir alles klar! ‚Glauben wir nicht, so bleibt Er treu.' Ich blickte auf Jesus und – welch eine Freude strömte in mein Herz! – ich verstand auf einmal, was Er mit dem Wort gemeint hatte: ‚Ich will dich nicht verlassen noch versäumen.' Jetzt habe ich Ruhe!

dachte ich. Bisher habe ich mich vergebens angestrengt und darum gerungen, in Ihm zu ruhen. Nun will ich mich nicht mehr anstrengen. Hat Er nicht verheißen, bei mir zu bleiben – mich nie zu verlassen, mich nie zu versäumen? – Dieses Versprechen, Liebste, wird Er bestimmt halten!

Aber das war nicht alles, was Er mir zeigte,nicht die Hälfte war es. Als ich an den Weinstock und die Reben dachte – wie erleuchtete da der Heilige Geist mein Herz! Mir wurde klar, wie völlig verkehrt es gewesen war, daß ich mir immer selbst die Kraft und die Fülle aus Ihm holen wollte. Ich erkannte nicht nur, daß Jesus mich nie verlassen würde, sondern auch, daß ich ein Glied an Seinem Leibe war, von Seinem Fleisch und Seinem Gebein. Jetzt verstehe ich es: Der Weinstock ist nicht nur Wurzel, sondern alles – Wurzel, Stamm, Reben, Ranken, Blätter, Blüten, Frucht. Und nicht nur das ist Jesus, Er ist auch Erde und Sonnenschein, Luft und Regen und zehntausendmal mehr als alles, was wir uns je erträumt und gewünscht haben. O welche Freude, diese Wahrheit zu erkennen! Ich bete darum, daß Dein Verstand erleuchtet werden möchte, damit Du den Reichtum, der uns in Christus umsonst gegeben ist, kennenlernen und genießen kannst.

Das Köstlichste von allem – wenn man hier überhaupt davon sprechen kann, daß eins köstlicher ist als das andere – ist die Ruhe, die das völlige Einssein mit Christus mit sich bringt. Wenn ich mir das vergegenwärtige, mache ich mir über nichts mehr Sorgen; denn ich weiß, Er kann Seinen Willen ausführen, und Sein Wille ist auch der meine. Es kommt nicht darauf an, auf welchen Platz er mich stellt und wie Er das tut. Das ist Seine Sache und nicht mehr meine. Denn Er muß mir für die einfachsten Aufgaben Seine Gnade schenken, und auch für die schwierigsten reicht Seine Gnade aus."

Gottes Gnade reicht in der Tat aus, und der Mensch, der den auferstandenen Herrn Jesus durch den Heiligen Geist ganz persönlich kennengelernt hat, erfährt, daß die

„Ströme lebendigen Wassers” in seinem Leben Wirklichkeit werden. Mit Jesaja weiß er: „Einem festen Herzen bewahrst du den Frieden, weil es auf dich vertraut.”

Es gibt zahlreiche Zeugnisse über das Leben, von dem Hudson Taylor Besitz ergriffen hatte – das „Leben, das Christus ist”. Eins dieser Zeugnisse stammt von einem anglikanischen Geistlichen, H. B. Macartney aus Melbourne, Australien. Er schrieb viele Jahre nach dem Erlebnis Hudson Taylors in dem „kleinen Haus in Chinkiang”:

„Hudson Taylor war ein Musterbeispiel von Ruhe. Die Verheißung ‚Meinen Frieden gebe ich euch' war sein Kapital, von dem er täglich Heller für Heller von der Himmelsbank abhob. Was den Heiland oder den Heiligen Geist nicht beunruhigen und betrüben konnte, regte ihn auch nicht auf. Die Ruhe und Gelassenheit, die der Herr Jesus in jeder Lage und auch in kritischsten Augenblicken zeigte, war sein ideeller und praktischer Besitz. Er kannte kein Hasten und Jagen, wußte nichts von überreizten Nerven oder Aufregung und Verdruß. Er wußte nur das eine: daß es einen Frieden gab, der höher ist als alle Vernunft, und daß er ohne diesen Frieden nicht sein konnte.

Bei mir war das ganz anders. Ich habe eine besonders nervöse Veranlagung, und wenn ich viel zu tun hatte, befand ich mich den ganzen Tag in einem Zustand nervöser Erregung. Ich hatte keine Freude am Herrn, wie es eigentlich hätte sein müssen. Besonders schmerzlich empfand ich es, daß ich während der Stunden, in denen ich meine Korrespondenz erledigen mußte, nichts von dem Licht und der Gegenwart des Herrn verspürte. Die tägliche Post beraubte mich der köstlichen Gemeinschaft mit Ihm.

‚Mein Aufgabenkreis ist begrenzt', sagte ich schließlich einmal zu Mr. Taylor, ‚Sie aber tun Ihr Werk im Großen. Sie arbeiten an Millionen Menschen, ich nur an zehn. Ihre Briefe sind sehr wichtig, meine ziemlich unwichtig.

Trotzdem bin ich voller Unruhe und Sorge, während Sie immer ruhig und gelassen sind. Bitte, sagen Sie mir, wie das kommt'.

‚Mein lieber Macartney', gab er mir zur Antwort, ‚der Friede, von dem Sie sprechen, ist in meinem Falle mehr als ein köstliches Vorrecht, er ist eine Notwendigkeit.'

Sehr nachdrücklich fügte er hinzu: ‚Ich könnte die Arbeit, die ich zu tun habe, unmöglich tun, wenn nicht der Friede Gottes, der höher ist als alle Vernunft, mir Herz und Sinne bewahrte.'

Die sogenannte Keswick-Bewegung* war mir damals nicht fremd. Ich hatte die herrlichen Wahrheiten gehört und predigte sie auch anderen. Aber hier fand ich sie praktisch in die Tat umgesetzt, wie ich es niemals für möglich gehalten hätte. Das beeindruckte mich tief. Hier war ein Mann von fast sechzig Jahren, der ungeheure Lasten trug und der trotzdem ruhig und gelassen blieb. Dieser Berg Briefe! Jeder einzelne konnte eine schlechte Nachricht enthalten: eine Todesnachricht, eine Mitteilung über Geldschwierigkeiten, über Unruhen oder schwerwiegende Nöte und Unannehmlichkeiten. Doch sie wurden alle mit derselben Ruhe geöffnet, gelesen und beantwortet. Christus war der Grund seines Friedens, Er war die Kraft, die ihm Ruhe schenkte. Indem er in Christus blieb, nahm er in allen Lagen und Verhältnissen und bei allen in Frage kommenden Angelegenheiten teil an Seinem ganzen Wesen und den Quellen Seiner Kraft. Und er tat das ununterbrochen in einfachem Glauben.

Dabei war er wunderbar offen und natürlich. Ich kann das nicht anders in Worte fassen als mit dem biblischen Ausdruck ‚in Gott'. Er war allezeit ‚in Gott' und Gott in ihm. Es war das In-Ihm-Bleiben nach Johannes 15."

Mit gutem Grund konnte Macartney für alle die Er-

---

* Eine englische Heiligungsbewegung, die jährlich in Keswick (Nordengland) eine Konferenz abhält, ähnlich unserer Blankenburger Konferenz. Der Einfluß von dort auf die deutsche Gemeinschafts- und Heiligungsbewegung war bis zum Ersten Weltkrieg sehr stark.

mahnung anfügen: „Bist du in großer Eile, bist du nervös, in Sorge? Sieh auf! Blicke auf den Herrn in Seiner Herrlichkeit! Laß Sein Antlitz auf dir ruhen – das Angesicht des Herrn Jesus Christus. Meinst du, er könnte jemals in Unruhe und Sorge sein? Es ist keine Kummerfalte auf Seiner Stirn, nicht der leiseste Schatten von Angst. Und doch sind deine Schwierigkeiten und Sorgen auch die Seinen."

Das Leben, das in Ihm bleibt, ist reich und erfüllt, so wie die Seele, die mit vollen Zügen von dem Wasser des Lebens trinkt, die Fülle hat und „nimmermehr dürstet". Das Leben, „das Christus ist", ist bleibend und überströmend, voller Genüge und Reichtum. Hudson Taylor konnte für die Wahrheit der Heiligen Schrift, die er erlebt und erprobt hatte, keine passenderen Worte finden als die in dem kleinen Buch von Harriet Beecher Stowe „How to live on Christ", von dem er jedem Mitglied der Mission eine Abschrift schickte. Frau Stowe schreibt dort unter anderem: „Wie bringt der Zweig Früchte? Nicht dadurch, daß er sich unaufhörlich anstrengt, Sonnenschein und Luft zu bekommen; nicht durch unnützes Ringen um jene belebenden Einflüsse, die der Blüte ihre Schönheit geben und dem Blatt das Grün. Nein, der Zweig bleibt ganz einfach am Baum, in stiller, ungestörter Verbindung mit ihm, und Blüten und Früchte bilden sich und wachsen wie von selbst.

Wie also soll ein Christ Frucht bringen? Dadurch, daß er sich anstrengt und müht, das zu erreichen, was ihm umsonst gegeben wird? Durch Meditationen über Wachsamkeit, über Gebet, über das, was er tun und lassen soll, über Versuchungen und Gefahren? Nein, er muß seine Gedanken und seine Liebe voll und ganz auf Christus konzentrieren, sein ganzes Wesen Ihm völlig übergeben und dauernd auf Ihn schauen, um in Seiner Gnade zu bleiben. Christen, die in diesem Zustand einmal fest geworden sind, sind still und ruhig wie Kinder in den Armen der Mutter. Christus mahnt sie zur rechten Zeit und am rechten Ort an ihre Aufgaben und Pflichten, Er tadelt sie wegen jedes Fehlers, Er berät sie in jeder Schwierigkeit und spornt sie zu allem an, was nötig ist. In ewigen und zeitlichen Dingen machen sich solche Christen keine Sorge um das Morgen; denn sie wissen, daß Christus für sie heute ebensogut erreichbar ist wie morgen, und daß die Zeit Seiner Liebe keine Grenzen setzt. Ihre Hoffnung und ihr Vertrauen beruhen einzig darauf, was Er für sie tun kann und will; nicht darauf, was sie nach ihrer Meinung selbst für ihn tun könnten und wollten. Ihr Talisman gegen jede Versuchung und Sorge ist die immer neue kindliche Übergabe ihres ganzen Seins an Ihn."

Das ist das „ausgetauschte Leben", das bleibende, fruchtbringende Leben, „das Leben, das Christus ist" und das jeder Gläubige besitzen sollte. Galater 2,20 kann im Leben jedes Christen herrliche Wirklichkeit sein:

„Ich bin mit Christus gekreuzigt. Ich lebe aber; doch nun nicht ich, sondern Christus lebt in mir. Denn was ich jetzt lebe im Fleisch, das lebe ich in dem Glauben des Sohnes Gottes, der mich geliebt hat und sich selbst für mich dargegeben."

John Bunyan

Das befreite Leben

Man könnte wohl sagen, daß der Kesselflicker von Bedford zu denen gehört, „deren die Welt nicht wert ist". Ebenso wie der Apostel Paulus, der sich selbst einen „Gefangenen des Herrn" und nicht der römischen Regierung nannte, war auch John Bunyan im Geiste frei, obwohl man ihn in Ketten legte, weil er Gottes Wahrheit verkündigte. Wie die Briefe des Paulus, so haben auch Bunyans Schriften die Jahrhunderte überdauert, und wo immer die Bibel in Hunderten von Übersetzungen verbreitet wurde, folgte ihr „Bunyans Pilgerreise" nach.

Es gibt wenig Menschen, die so in der Schrift bewandert sind, wie es Bunyan war, und keiner hat ihn als Meister der Allegorie übertroffen. Das „Haus des Auslegers" wird immer eins der besten Schulzimmer der Welt bleiben. Bunyans charakteristische Gestalten sind überall bekannt: Christ, dem seine Bürde am Kreuz abgenommen wurde, und Christin mit ihren vier handfesten Söhnen; Getreu, Hoffnungsvoll, Evangelist und Ausleger, Mutherz und Standhaft. Man kennt überall den Herrn Schwätzer und Herrn Nebenwege, den Riesen Verzweiflung und sein Weib Mißtrauen, ebenso wie Unwissend, der bis an die Himmelspforte kam und dort erst merkte, daß er keinen Ausweis für den Himmel hatte.

Schrifttum und Sprache wimmeln von Namen, die durch die „Pilgerreise" bekannt geworden sind: Da ist der Berg der Beschwerde und der Palast Prachtvoll auf seinem Gipfel, der bezauberte Grund, der Eitelkeitsmarkt und die Zweifelsburg, der Todesfluß und die Stadt des Großen Königs.

Bunyan hatte bescheidene Eltern. Obwohl sie ihn eine Zeitlang in die Schule schickten, lernte er dort so wenig, daß er das Schreiben und Lesen später wieder vergaß. Erst seine Frau brachte es ihm neu bei. Als Junge wurde er viel von Träumen und Ängsten beunruhigt. Zweimal gnädig vor dem Tode des Ertrinkens bewahrt, wuchs er dennoch gottlos und liederlich auf. Er fluchte so furchtbar, daß er für viele ein Schrecken war. Aber obwohl es so schien, als ob er für geistliche Dinge keinerlei Interesse hätte, war doch ein Hunger nach Gott in ihm. Eines Tages beobachtete er bei seiner Arbeit „drei oder vier arme Frauen, die vor der Tür in der Sonne saßen und über göttliche Dinge sprachen". Da er gern etwas über Gott hören wollte, ging er näher und lauschte. „Ihr Gespräch drehte sich um eine ‚neue Geburt', das Werk Gottes in ihren Herzen ... Sie sprachen darüber, wie durch den Herrn Jesus Gott mit Seiner Liebe in ihr Herz gekommen war." Bunyan verstand nicht, was sie meinten, war aber von ihren Worten sehr ergriffen.

Er machte wiederholt Anstrengungen, sich selbst zu ändern und zu bessern, und man wunderte sich darüber, daß er nicht mehr fluchte. Er übernahm es auch, die Kirchenglocken zu läuten und glaubte, daß ihm das von Gott als Verdienst angerechnet würde. Doch dadurch wandelte sich nichts in seinem Innern. Im Gegenteil, er bekam Angst davor, daß ihm die Glocken auf den Kopf fallen könnten. Jetzt, wo er verheiratet war und lesen gelernt hatte, fing er an, sich mit der Bibel zu befassen, verstand sie aber nicht. Da nahm sich ein frommer Pastor seiner an, Mr. Gifford, den er später in der „Pilgerreise" als „Evangelist" dargestellt hat.

Bunyan geriet durch die Lehre von der Erwählung ganz in Verwirrung und wurde von schrecklichen Gedanken gepeinigt. Es stellten sich häufig Depressionen ein. Der Feind der Menschheit versuchte ihn immer wieder, er solle „Christus verkaufen". Schließlich, als er alle Hoffnung aufgegeben hatte, Christus noch zu gewinnen, rief er aus: „Soll Er gehen, wenn Er will!"

Dann erfüllte ihn das Wort über Esau in Hebräer 12,17 mit Schrecken, wo es heißt: „Wisset aber, daß er hernach, da er den Segen ererben wollte, verworfen ward; denn er fand keinen Raum für die Buße, wiewohl er ihn mit Tränen suchte." Er hatte gerade vorher wieder ein wenig Mut gewonnen bei dem Gedanken daran, daß Petrus vom Herrn wieder angenommen worden war, nachdem er seine Sünden bereut hatte. Da warfen ihn diese schrecklichen Worte zu Boden.

Es gab nichts auf der Welt, was er sich sehnlicher wünschte als die Gewißheit der Vergebung und Errettung. Aber wo konnte er sie finden? Johannes 6,37 war der Schlüssel, der ihn aus der Knechtschaft befreite, in die er durch sein gotteslästerliches Leben gekommen war. Dieses Wort „Wer zu mir kommt, den werde ich nicht hinausstoßen" tat seiner Seele sehr wohl. Er sagte: „Oh, welchen Trost und welche Erquickung fand ich in diesem Wort: ‚... den werde ich nicht hinausstoßen'! Es war mir, als wenn Jesus gesagt hätte: ‚Auf keinen Fall, niemals werde ich ihn hinausstoßen, was er auch immer getan hat.' Aber Satan machte gewaltige Anstrengungen, mir diese Verheißung zu entreißen. Er sagte mir, daß Christus mit diesem Wort solche Menschen wie mich nicht meine, sondern solche, die nicht soviel gesündigt hätten wie ich. Ich erwiderte ihm: ‚Satan, in diesem Wort ist von einer solchen Ausnahme nicht die Rede. Wer zu mir kommt, steht da. Das heißt: Jeder, der kommt – wer auch immer kommt, den werde ich nicht hinausstoßen.' Wenn ich mich jemals in meinem ganzen Leben mit Satan um ein Wort Gottes gestritten habe, so um dieses kostbare Wort Christi; er zog an einem Ende und ich am anderen. Oh, was für Anstrengungen wir machten! Er zog, und ich zog. Aber Gott sei gepriesen, ich überwand ihn!"

Obwohl Bunyan endlich die volle innere Gewißheit der

Annahme durch Gott erlangt hatte, war er noch tief beunruhigt und erschüttert von dem Wort über Esau. Behutsam zeigte ihm der Geist Gottes, daß Esau das Erstgeburtsrecht verschmäht hatte und ihm danach der Segen verweigert wurde. Er folgerte daraus, daß „das Erstgeburtsrecht die Wiedergeburt bedeutete und mit dem Segen das ewige Erbe gemeint war". Er verstand also richtig, daß jenen, die die Wiedergeburt verschmähen, der Himmel verweigert wird.

Auch andere Schriftstellen bereiteten ihm Schwierigkeiten, so Hebräer 10,26: „Denn so wir mutwillig sündigen, nachdem wir die Erkenntnis der Wahrheit empfangen haben, haben wir fürder kein anderes Opfer mehr für die Sünden." Er erkannte jedoch, daß seine Sünde nicht mit jenem bewußten Verleugnen des Heilands und dem Verwerfen von Gottes Geboten gleichzustellen war, und das tröstete ihn.

Die Krisis seines geistlichen Lebens trat ein, als Bunyan eines Tages einen Spaziergang durch die Felder machte. „Plötzlich", so erzählte er, „kam mir der Satz in den Sinn: ‚Deine Gerechtigkeit ist im Himmel.' Und es war mir, als sähe ich mit den Augen meines Herzens Jesus Christus zur Rechten Gottes sitzen. Dort war meine Gerechtigkeit. Gott konnte also, wo immer ich war oder was immer ich tat, nicht meine Gerechtigkeit verlangen; sie war ja bei Ihm. Ich erkannte noch mehr: daß es nicht mein guter Herzenszustand war, der mich gerechter machte, oder mein schlimmer Zustand, der mich weniger gerecht machte. Denn meine Gerechtigkeit war Jesus Christus, ‚derselbe gestern, heute und in alle Ewigkeit'" (Hebr. 13,8).

Eindringlich und unwiderruflich zeigte der Heilige Geist Bunyan, daß der Herr wirklich und wahrhaftig auferstanden ist, Er, der „uns gemacht ist von Gott zur Weisheit und zur Gerechtigkeit und zur Heiligung und zur Erlösung". Voller Freude konnte er bekennen:

„Jetzt fielen mir tatsächlich die Ketten von den Füßen.

Ich war frei und von meinem Leid erlöst. Auch meine Versuchungen waren wie weggeblasen, so daß von da ab die furchtbaren Worte Gottes mich nicht mehr beunruhigten.

Christus, Christus, das war mein einziger Gedanke! Ich hatte nur noch Christus vor Augen. Jetzt brauchte ich nicht mehr auf diese oder jene Heilstaten und Gnadenerweise Christi im einzelnen zu blicken – auf Sein Blut, auf Seinen Tod oder Seine Auferstehung, sondern ich konnte Ihn als den ganzen Christus sehen, als den, in dem all das und alle anderen Kräfte, Aufgaben und Werke vereinigt sind und der zur Rechten Gottes im Himmel sitzt. Es war herrlich für mich, diesen erhöhten Herrn und die Bedeutung und Größe all Seiner Liebestaten zu schauen."

So erfuhr Bunyan die wundervolle Wirklichkeit des „Lebens, das Christus ist". Epheser 5,30 wurde ihm ein „liebliches Wort": „Denn wir sind Glieder seines Leibes, von seinem Fleisch und von seinem Gebein."

Er berichtete weiter: „Der Herr führte mich auch in das Geheimnis des Einsseins mit dem Sohne Gottes! Dadurch wurde sowohl mein Vertrauen in Ihn gestärkt als auch meine Gerechtigkeit noch mehr bestätigt. Denn wenn Er und ich eins waren, dann war auch Seine Gerechtigkeit die meine, dann waren Seine Verdienste die meinen, und Sein Sieg war auch der meine. Jetzt konnte ich mich im Himmel und auf Erden gleichzeitig sehen: im Himmel bei Christus, meinem Haupt, meiner Gerechtigkeit und meinem Leben, und auf der Erde in meinem Leib."

Fast dreihundert Jahre später kam, wie wir noch sehen werden, Charles G. Trumbull in ganz ähnlicher Weise zu einem sieghaften Leben.

Und wie wirkte es sich aus, daß Bunyan von seinen Zweifeln und Ängsten befreit worden war? In seinen Aufzeichnungen „Grace Abounding to the Chief of Sinners" (zu deutsch: Überströmende Gnade für den

Schlimmsten aller Sünder)*, die neben Augustins Bekenntnissen zu den besten geistlichen Chroniken dieser Art gehören, spricht er von vielerlei Auswirkungen. Er führt da die „Gnade" an, die ihn in den schwierigsten Lagen bewahrte, das „tiefere Verständnis der Schrift", die „Befreiung von der Todesfurcht", die „Gewißheit der Gegenwart seines Herrn" und einen „fruchtbringenden Dienst" für den Heiland auf der Kanzel und im Gefängnis.

„Ich hatte niemals solche Höhen und Tiefen der Gnade, Liebe und Barmherzigkeit erlebt", erklärte er. „Zwei- oder dreimal während der Zeit, in der ich von meinen Versuchungen befreit wurde, empfand ich die Einwirkungen der Gnade Gottes auf so wunderbare Weise, daß ich es kaum ertragen konnte. Und der Gedanke, daß diese Gnade für mich da war, war mir so über alle Maßen wunderbar, daß, hätte mich dieses Gefühl länger erfüllt, ich zu keiner Arbeit mehr fähig gewesen wäre."

Während er vorher von Unglauben, lästerlichen Gedanken und Herzenshärtigkeiten gequält worden war, konnte er nun sagen: „Ich war dauernd in der Gegenwart Gottes und Christi. Der Glanz der Heiligkeit Gottes brach mich in dieser Zeit in Stücke." Als er sich einmal in einer schweren Prüfung befand, schrieb er: „Eines Abends saß ich am Kamin. Da hörte ich plötzlich eine Stimme in meinem Herzen: Du mußt zu Jesus gehen. Im selben Augenblick schwanden meine innere Verfinsterung und meine Gottlosigkeit, und es wurde mir auf einmal klar, welche Fülle des Segens der Himmel für mich bereithielt. Diese Nacht war eine gute Nacht für mich, ich habe kaum eine schönere erlebt. Ich sehnte mich nach der Gemeinschaft der Gotteskinder, um ihnen weitersagen zu können, was mir Gott gezeigt hatte. Christus wurde mir in dieser Nacht köstlich."

Die Angst vor dem Tode, die ihn bisher gequält hatte,

---

* erschienen im Verlag Schulte + Gerth

war verschwunden, und er konnte bezeugen: „Ich sah mich in den Armen der Gnade und Barmherzigkeit. Und obwohl ich mich vorher gefürchtet hatte, an die Todesstunde zu denken, rief ich nun aus: Ich möchte sterben! Der Tod war in meinen Augen jetzt lieblich und schön, denn ich erkannte, daß das wirkliche Leben erst dann beginnt, wenn wir in die andere Welt eingehen ... Gott selbst ist das Erbteil Seiner Heiligen. Das sah ich und staunte darüber, aber ich kann es nicht beschreiben."

Seine Nachbarn und Freunde merkten die große Veränderung in seinem Leben und redeten ihm zu, ihnen und anderen das Wort zu verkündigen. Er hatte Angst davor, ließ sich dann aber davon überzeugen, daß Gott ihm das Amt des Predigers und Lehrers gegeben hatte. Zuerst predigte er in der Hauptsache über Sünde und Erlösung. „... Die Schrecken des Gesetzes und die Schuld meiner Übertretungen lagen schwer auf meinem Gewissen; ich predigte, was ich fühlte, was ich schmerzlich fühlte. In der Tat, ich war wie einer, der vom Tode zu ihnen gesandt worden war; ich ging selbst in Ketten, um ihnen, die in Ketten lagen, zu predigen; ich trug ein Feuer in meinem eigenen Inneren, das ich auch in ihnen entfachen wollte."

Dann änderte sich die Art seiner Predigt. Er sprach mit großer Begeisterung von „Jesus Christus, Seinen Aufgaben und Liebestaten und Seinem Verhältnis zur ganzen Welt". Danach begann er „das Geheimnis des Einsseins mit Christus" zu verkündigen. Nach fünf Jahren segensreichen Dienstes, in denen viele den Heiland fanden, wurde er ins Gefängnis geworfen. Hier, im Kerker von Bedford, vollendet er die beiden unsterblichen Allegorien, die „Pilgerreise" und „Der Heilige Krieg".

Nachdem das Einssein mit dem auferstandenen Christus für ihn Wirklichkeit geworden war, wurde ihm auch Sein Wort immer köstlicher. Er erkannte, „daß die Wahrheiten der Heiligen Schrift die Schlüssel zum Himmelreich waren". Noch während er im Gefängnis saß, konnte er schreiben: „Ich habe in meinem ganzen Leben nicht einen so tiefen Einblick in das Wort Gottes gehabt wie jetzt. Dieses Wort, in das ich vorher niemals hineingeschaut hatte, war an diesem Ort und in meinem Zustand dazu ausersehen, mir ein Licht zu sein. Auch Jesus Christus war mir nie zuvor so real begegnet wie jetzt ...

Ich hatte bisher nicht gewußt, was es bedeutet, daß Gott mir allezeit und bei jedem Versuch Satans, mich zu quälen, zur Seite steht. Aber seit ich hier im Gefängnis bin, habe ich es erfahren. Denn wenn Angst und Furcht über mich kamen, so war doch auch Trost und Zuspruch da. Ja, als ich sozusagen noch gar nichts vorzuweisen hatte und verstand, hat Gott, der so gut zu mir war, doch nicht zugelassen, daß ich gequält wurde, sondern Er hat mich mit einem Wort aus der Schrift oder etwas anderem gestärkt; und zwar so, daß ich oft gesagt habe, ich könnte, wenn es recht wäre, um noch größeren Kummer bitten, nur um dadurch um so größeren Trost zu erlangen."

Wie sehr Bunyan unter dem Beistand des Heiligen Geistes in das Verständnis der Heiligen Schrift eindringen konnte, kommt nirgends besser zum Ausdruck als in dem Teil der „Pilgerreise", wo „Christ" und „Hoffnungsvoll" die Stadt des großen Königs betreten. Er wird von vielen als das schönste literarische Werk der englischen Sprache gewertet und auch als eine großartige Wiedergabe der Schriftwahrheit. Setzen wir uns einmal neben Bunyan in das Bedforder Gefängnis und lesen wir, was er schreibt:

„Die Stadt lag auf einem sehr hohen Berge. Aber die Pilger gelangten an der Seite der beiden Männer, die sie stützten, mit Leichtigkeit hinauf. Sie hatten ja auch ihre Gewänder der Sterblichkeit in dem Fluß zurückgelassen. Schnell und ohne Ermüdung stiegen sie bergauf, obwohl die Stadt hoch über den Wolken lag. Unter lieblichen Gesprächen kamen sie immer höher, ganz beglückt darüber, daß sie unversehrt durch den Strom gelangt waren und so prächtige Begleiter zur Seite hatten.

Die beiden strahlenden Engel erzählten ihnen von der Herrlichkeit der himmlischen Stadt und von ihrer unbeschreiblichen Schönheit und Pracht: ‚Dort auf dem Berg Zion liegt das himmlische Jerusalem mit seinen unzählbaren Engelscharen, mit den Seelen der vollendeten Gerechten …'

Die Pilger fragten: ‚Was werden wir denn an diesem heiligen Ort tun?'

‚Dort empfangt ihr den Lohn für alle Arbeit und Mühe und Freude für allen Kummer und alle Sorge. Ihr werdet ernten, was ihr gesät habt: die Früchte all eurer Gebete und Tränen und den Lohn für das, was ihr auf eurem Erdenwege für den König erduldet habt. Dort werdet ihr goldene Kronen tragen und jubeln, wenn ihr den Heiligen von Angesicht zu Angesicht schaut; denn ‚ihr werdet Ihn sehen, wie Er ist'. Dort werdet ihr Ihm auch ohne Unterlaß dienen, Ihn preisen und Ihm Dank und Anbetung bringen, Ihm, dem ihr schon auf Erden zu dienen versuchtet, wenn auch mit viel Schwierigkeiten und in der Schwachheit eures Leibes. Dort werdet ihr eure Lieben wiederfinden, die euch dorthin vorangegangen sind, und alle die, die nach euch in die heilige Stadt gelangen, werdet ihr mit Freuden willkommen heißen …' Inzwischen waren sie bis an die Tore der Stadt gekommen, wo sie von einem himmlischen Heer empfangen wurden. ‚Hier sind die Menschen', sagte einer der Begleiter, ‚die unseren Herrn auf Erden geliebt und alles um Seines Namens willen verlassen haben. Er hat uns ausgesandt, sie zu holen, und wir haben sie nun an das ersehnte Ziel ihrer Reise gebracht'.

Nun sah ich im Traum, daß die beiden Pilger durch das Tor traten. In diesem Augenblick wurden sie verklärt und mit Kleidern angetan, die wie Gold glänzten. Man reichte ihnen Harfen und Kronen; Harfen, um Gott damit zu preisen, und Kronen als Ehrenzeichen. Dann hörte ich im Traum, wie ihnen unter dem Freudengeläut aller Glokken der Stadt zugerufen wurde:

Gehet ein zu eures Herrn Freude!

Ich hörte sie auch selber mit lauter Stimme singen:

Dem, der auf dem Stuhl sitzt, und dem Lamme sei Lob und Ehre und Preis und Gewalt von Ewigkeit zu Ewigkeit.

In dem Augenblick, als die Pilger durch die geöffneten Tore gingen, sah ich die Stadt leuchten wie die Sonne. Die Straßen waren von lauterem Gold. Auf ihnen wandelten viele mit Kronen auf den Häuptern und mit Palmzweigen in den Händen und goldenen Harfen, auf denen sie Gott priesen.

Ich sah auch viele mit Flügeln, die ohne Aufhören einander zuriefen: ‚Heilig, heilig, heilig ist der Herr.' Dann wurden die Tore geschlossen. Als ich das gesehen hatte, wünschte ich mir, auch dort zu sein."

Aus Bedfords fluchendem Kesselflicker war Gottes gesegneter Dichter und Sänger geworden, der durch das Einssein mit dem auferstandenen Herrn das befreite Leben fand.

Amy Carmichael

Das strahlende Leben

Amy Carmichael begegnete dem auferstandenen Herrn zuerst auf den Straßen von Belfast. Sie war damals noch ein junges Mädchen. Und diese Begegnung kam ganz plötzlich und unerwartet. In ‚Gold Cord', dem autobiographischen Bericht über ihr Leben und den Bau des christlichen Heims für Mädchen und Jungen in Dohnavur in Südindien, erzählt sie von dieser Begegnung, die für ihr Leben so bedeutsam war wie die Offenbarung des Herrn Jesus für Saul von Tarsus auf dem Wege nach Damaskus.

„Es war ein trüber Sonntagmorgen in Belfast. Ich befand mich mit der Mutter und meinen Brüdern und Schwestern auf dem Heimweg von der Kirche. Da begegneten wir einer armselig aussehenden alten Frau, die ein schweres Bündel trug. Wir hatten am Sonntag im presbyterianischen Belfast noch nie so etwas gesehen, und, von plötzlichem Mitleid bewegt, nahmen meine beiden Brüder und ich ihr das Bündel ab, griffen ihr unter die Arme und führten sie die Straße entlang. Wir mußten an all den ehrenwerten Leuten vorbei, die sich wie wir auf dem Weg nach Hause befanden. Das waren abscheuliche Minuten. Wir Geschwister waren durchaus keine begeisterten Christen und taten so etwas sehr ungern. Während wir so dahinschritten, wurden wir nicht nur über und über rot, sondern schämten uns auch bis ins Herz hinein. Ein feuchter Wind blies uns entgegen und fuhr in die zerlumpten Kleider der armen, alten Frau, in die wir uns immer wieder unglücklich verfingen. Aber als wir gerade an einer

Quelle vorbeikamen, die man vor kurzem neben dem Weg eingefaßt hatte, war es mir, als hörte ich plötzlich mitten durch den grauen Nebel das gewaltige Wort:

‚Wenn aber jemand auf diesen Grund baut Gold, Silber, edle Steine, Holz, Heu, Stroh, so wird eines jeglichen Werk offenbar werden: der Tag wird's klar machen. Denn mit Feuer wird er sich offenbaren; und welcherlei eines jeglichen Werk sei, wird das Feuer bewähren. Wird jemandes Werk bleiben ...'

Wird jemandes Werk bleiben – ich wandte mich nach der Stimme um, die ich gehört hatte. Aber ich sah nur die Quelle, die schmutzige Straße, die Leute mit ihren höflichen, erstaunten Gesichtern – sonst nichts. So heimlich, wie das Wort gekommen war, war es wieder gegangen, und alles umher war unverändert. Wir gingen weiter. Ich sagte zu niemandem etwas, aber ich wußte, daß etwas geschehen war, was mein ganzes Leben veränderte. Von jetzt ab konnte für mich nur noch das Bedeutung haben, was Ewigkeitswert besaß."

An diesem Nachmittag schloß sich die achtzehnjährige Amy in ihr Zimmer ein, betete zu Gott und entschied sich endgültig für ihren zukünftigen Lebensweg. Amy hatte zwei Jahre vorher als Studentin der Schule in Harrogate, Nordirland, den Herrn Jesus als ihren persönlichen Heiland angenommen. In den Minuten der Stille nach einer Evangelisationspredigt „erhörte der gute Hirte" – so sagte sie es selbst – „die Gebete meines Vaters und meiner Mutter und vieler anderer lieber Menschen und nahm mich, auch mich, in Seine Herde auf."

Mit neunzehn Jahren besuchte sie eine Versammlung in Glasgow. Dort hörte sie zum ersten Male das Zeugnis der Keswick-Bewegung über das Siegesleben durch den Heiligen Geist. Sie erzählte später darüber:

„Ich habe mich monatelang, ja vielleicht Jahre hindurch danach gesehnt zu erfahren, wie man ein heiliges Leben führen könnte, das auch anderen eine Hilfe war. Hoffend und zagend zugleich kam ich in diese Versammlung. Ob ich hier etwas für mich finden würde? Ich erinnere mich nicht, während einer der beiden Ansprachen irgend etwas – etwa meine Schuld – gefühlt zu haben. Der Nebel in der Halle schien in mich hineinzusickern. Meine Seele war wie in einem Nebel. Da erhob sich der Leiter zum Schlußgebet. Vielleicht war gerade vorher darüber gesprochen worden, wie Petrus auf dem Wasser wandelte, und vielleicht hatte der Prediger mit den Worten aus Judas 24 geschlossen, denn einer der Beter begann sein Gebet so: ‚O Herr, wir wissen, du kannst uns vor dem Fallen bewahren.' Diese Worte trafen mich. Sie waren wie eine brennende Fackel, die mir leuchtete."

Wie in einer Verzückung verließ sie die Versammlung und ging mit ihrer Gastgeberin zum Lunch in ein Restaurant. „Jemand meinte, das Hammelkotelett wäre nicht richtig durchgebraten", schrieb Amy Carmichael nachher. „Ich dachte verwundert: Was hat das schon zu sagen? ‚O Herr, wir wissen, du kannst uns vor dem Fallen bewahren'."

Drei geistliche Meilensteine bezeichneten Amy Carmichaels Weg der Erweckung: Heilsgewißheit in Harrogate („... in einer dreijährigen Dürrezeit der einzige Augenblick, wo es Wasser gab"); Bewußtwerden der ewigen Werte durch den Heiligen Geist in Belfast („es war etwas geschehen, was mein ganzes Leben veränderte"); und die Auswirkung des neuen Lebens in Christus in Glasgow („du kannst uns vor dem Fallen bewahren"). Diese drei Meilensteine waren die Vorbereitung zu ihrem langen und fruchtbaren Dienst für den Herrn Jesus.

Sehr früh bekam dieses irische Mädchen ein Gefühl für die Empfindsamkeit dem Heiligen Geist gegenüber, die unerläßlich für einen vertrauten Umgang mit Gott ist. Noch in ihren Mädchenjahren hielt sie Versammlungen in einer Mission in Belfast, „The Welcome". Anfangs bekehrten sich Abend für Abend Menschen, dann hörte das plötzlich auf. Als sie betete und ihr eigenes Herz prüfte, fiel ihr etwas ein – „eine Stunde nach einer Versammlung, in der wir zu Hause ausgelassen waren. Ich war, wie gewöhnlich, schuld daran. An sich war nichts Schlimmes dabei, aber in diesem Augenblick war es unpassend gewesen. Ich habe niemals den Schock vergessen, den ich bei dieser Entdeckung bekam. ‚Betrübe nicht den Heiligen Geist', hieß es in mir. In Seiner Barmherzigkeit vergab Er mir, und die Arbeit ging wieder voran."

Dann, am 13. Januar 1892, erreichte sie der völlig unerwartete Ruf in den Dienst im Ausland. Bedingungslos und von ganzem Herzen sagte sie zu und wurde wenige Monate später als erste Missionarin der Keswick-Bewegung nach Japan gesandt. Obwohl ihr Dienst dort nicht von langer Dauer war, lernte sie manches, was ihr in den fünfundzwanzig Jahren ihrer späteren Missionsarbeit in Indien von unschätzbarem Wert wurde.

Schon bald nach ihrer Ankunft in Japan erkannte sie, wie wichtig es für Missionare war, schlicht und bescheiden aufzutreten und sich in Kleidung und Lebensweise dem Volke anzupassen, dem man das Zeugnis von Christus bringen wollte.

Es war dies eine harte Lektion, die sie auf ziemlich klägliche Weise lernen mußte. Mit ihrem christlichen Mitarbeiter Misaki San war sie zu Besuch bei einer kranken, alten Lady. Amy Carmichaels Worte, die von Misaki San übersetzt wurden, hatten zuerst eine solche Wirkung, daß sich das bedrängte Herz schon dem Heiland zuwenden wollte. In diesem Augenblick bemerkte die alte Dame die Pelzhandschuhe an den Händen der Missionarin und wurde dadurch von der Botschaft abgelenkt. „Ich ging nach Hause", berichtete die junge Missionarin, „legte meine englischen Kleider ab und zog meinen japanischen Kimono an. Und wohl niemals wieder habe ich wegen so geringfügiger Dinge etwas so Wichtiges aufs Spiel gesetzt."

Dieses Erlebnis brachte ihr noch eine andere Erkenntnis. Sie erzählte darüber: „Dadurch, daß jene alte Lady an meinen Pelzhandschuhen Anstoß nahm, gewann ich

Tausende von Stunden Zeit. Denn wenn eine ganze Gesellschaft von Leuten viele Jahre hindurch keine Zeit mehr darauf verwendet, sich mit ihren Kleidern zu beschäftigen, ergibt das eine große Zeitersparnis. Außerdem werden Hunderte von Pfunden eingespart, wenn auf einen Schlag all die Extrakleider fortfallen und kein Geld mehr dafür ausgegeben wird. Und was damit an Zeit und Geld gespart wird, kann dann dem gegeben werden, der uns alles gab. Aber darüber hinaus führt das, glaube ich, dazu, daß sich alle Türen öffnen, die sich bis dahin niemals geöffnet haben. Ich hätte über manches in Indien unmöglich die Wahrheit erfahren, wenn ich ausländische Kleidung angehabt hätte. Und mehr, ja viel mehr noch als das: Es öffnete Herzenstüren. Selbst wenn das jemand bezweifelte, steht es doch für mich fest: Für den großen Feind war es zum mindesten ein wenig schwerer, eine Seele, die sich dem Heiland nähern wollte, zu verwirren oder abzulenken."

Zeitig lernte sie in ihrem missionarischen Dienst auch die Allmacht Gottes kennen. Ein buddhistischer Nachbar in dem japanischen Dorf Matsue war von einem sogenannten „Fuchsgeist" besessen. Der Japaner wußte zwar um die Tatsache dämonischer Besessenheit, hatte aber noch nichts von der Möglichkeit einer Befreiung von diesem furchtbaren Bann gehört. Miß Carmichael und Misaki San gingen ungerufen zu dem Besessenen, um für ihn zu beten, wurden aber davongejagt. Sie konnten der Frau noch versichern, daß sie zu Hause so lange für ihren Mann beten würden, bis er aus der Gewalt des Fuchsgeistes befreit wäre. Es war noch keine Stunde vergangen, da kam ein Bote und berichtete, daß alle Füchse, sechs an der Zahl, ausgefahren wären. Am nächsten Tag kam der Mann, vollkommen wohlauf, mit einem Zweig Granatapfelblüten zu ihnen, um ihnen seinen Dank für ihre Gebete zu bekunden. Einige Monate später starb er an Malaria. Mit dem Neuen Testament in den gefalteten Händen ging er in Frieden heim. So lernte sie mitten im Kampf, daß

„der in euch ist, größer ist, als der in der Welt ist".

Das war der Anfang zu ihrem innigen Umgang mit dem Herrn und ihre Vorbereitung für den Dienst in Indien. Als sie dort eines Tages mit ihrer Tamil-Grammatik unter einem weitverzweigten Baum saß, hatte sie auf einmal „das bestimmte Bewußtsein eines unsichtbar gegenwärtigen Zuhörers". Es schien ihr, als suchte Er jemanden, der mit Ihm lauschen sollte, lauschen auf die Stimme des Bluts eines Bruders, die zu Ihm von der Erde schrie. Die Zeit setzte für die Lady unter dem Baum aus, und sie saß den ganzen Tag in Seiner Gegenwart. Dieser Tag bestimmte ihren Weg für alle folgenden Jahre.

Als sie von dem, der die Kinder liebt, den Auftrag bekam, Tempelmädchen und später auch gefährdete Jungen zu retten, schlossen sich ihr nur wenige Missionare und indische Christen an. Sie schrieb darüber: „Manchmal war es mir, als sähe ich den Herrn Jesus Christus wie einst in Gethsemane allein unter den Olivenbäumen knien. Nur daß es jetzt Tamarinden waren, die Tamarinden, die ich von meinem Schreibtisch aus sah. Und das einzige, was man tun konnte, war, leise hinzugehen und sich neben Ihn zu knien, damit Er in Seinem Herzeleid um die kleinen Kinder nicht allein zu sein brauchte."

Ihr feines Empfinden für geistliche und ewige Werte befähigten sie nicht nur, innerlich die Gegenwart ihres Herrn wahrzunehmen, sondern auch die äußeren Dinge zu sehen, wie sie sind. Die Veröffentlichung eines Buches im Jahre 1903 mit dem Titel „Things as they are" („Dinge, wie sie sind") verursachte in Indien und auch in England so ungeheures Aufsehen, daß ein Komitee auf dem Missionsfeld erschien und sie bat, nach England zurückzukehren. Sie erlebte es jedoch, daß der Herr der Ernte alles zu ihren Gunsten lenkte.

Der Heilige Geist hatte ihr die wundervolle Gabe geschenkt, Menschen dahin zu führen, daß sie dem treuen Gott vertrauten. Als der Erste Weltkrieg auch über das Werk in Dohnavur große Not und Unsicherheit brachte, gab es manche Gelegenheit für sie, den Kindern zu einem schlichten, innigen Glauben an Gott zu verhelfen. In ihrem Tagebuch von 1915 lesen wir:

„26. Oktober. Jätete mit Kindern auf dem Feld. Erzählte ihnen, daß wir Geld brauchten – ein neuer Gedanke für sie. Setzte den älteren Mädchen ein wenig auseinander, was unsere Arbeit für einen Sinn hat und was für Pflichten und Aufgaben Gott gegenüber damit verbunden sind. Schließlich alle dazu gebracht, heute am Festtag zu jäten. Mädchen davon begeistert, Kinder sehr lieb und gut. Im stillen um ein Zeichen gebetet, daß der Vater im Himmel sich darüber freute. Er wird es sicher schicken.

27. Oktober. Heute Brief bekommen und fünfzig Dollar von einem Freund von Irene Streeter. Er hat das Geld von ihrem Bruder, der Soldat ist, erhalten. Wir alle priesen Gott im Schatten einer Kaktushecke. Es kam auch noch von anderer Seite Geld – alles mit einer Postsendung, mehr als sonst in vielen Monaten zusammen. Alle freuten sich sehr, waren aber auch von Ehrfurcht ergriffen."

Das geisterfüllte Leben wirkt sich in der Praxis aus. Amy Carmichael hat das erlebt. Bei den Problemen, die ihre führende Stellung mit sich brachte, lernte sie beten, vertrauen, gehorchen und nicht zurückschauen.

„Wenn Entscheidungen getroffen werden müssen, schaue nicht zurück und frage nicht, was ich etwa getan haben würde. Blicke auf, und unser Herr und Meister wird dir Licht darüber schenken, was du tun sollst.

Es mag sein, daß Entscheidungen getroffen werden müssen, die den Charakter der Arbeit zu verändern scheinen. Aber wenn die Grundprinzipien, die uns von Anfang an geleitet haben, festgehalten werden, wird es keine wirkliche Veränderung sein. Der Fluß mag in einem neuen Bett fließen, aber es wird derselbe Fluß bleiben.

Wenn du an dem Entschluß festhältst, daß Christus in allen Dingen als der Herr den Vorrang haben soll, wenn du Seinen Willen, seinen Ruhm und Seine Ehre über alles stellst und wenn du in Seiner Liebe bleibst und die anderen liebst, wie Er dich geliebt hat, dann wird alles gut sein, ewig gut."

Amy Carmichael hatte ein Herz, das immer sang. Ihr gefühlvolles, künstlerisches und strahlendes Wesen zeigt sich in ihrem schriftstellerischen Werk. Es gibt wenige Schriftsteller in unseren Tagen, die wie Amy Carmichael von Dohnavur die Gabe der Dichtkunst und Erzählkunst besitzen. Was ihr Herz bei Glaubensprüfungen empfand und wie es auf die Treue Gottes, die ihr immer wieder zum Sieg verhalf, antwortete, das hat sie in ihren Gedichten niedergeschrieben, die auf der ganzen Welt immer wieder veröffentlicht wurden.

Und was sollen wir über ihre Bücher sagen, Bücher wie „Things as they are" (Dinge, wie sie sind), „Meal in a Barrel" (Das Mehl im Kad), „Gold Cord" (Goldenes Band) und „Though the Mountains Shake" (Ob Berge weichen), um nur ein paar von ihnen zu nennen?

In „Gold Cord" erzählt Amy Carmichael von einer Wanderung, die ein paar glückliche Indianerkinder an einem heißen Septembertag bis zu einer entfernten Quelle unternahmen. Sie wollten feststellen, wo der Gebirgsfluß, an dem sie wohnten, entspringt. Und sie glaubten, es wäre leicht für sie, einfach dem Flußbett aufwärts zu folgen, bis sie die immer sprudelnde Quelle gefunden hätten. Lange und mit großer Mühe mußten sie sich durch die sumpfigen Waldniederungen den Weg bahnen, wo sie winzige Tierfährten und auch die Spur eines Tigers entdeckten.

„Die Kinder waren ganz entzückt von den zauberhaften Wasserfällen, den Teichen und Höhlen, den wunderbaren großen Farnen und Moospolstern. Aber die Quelle fanden sie nicht. Gerade dort, wo die Ufer zu steil und von undurchdringlichem Gestrüpp bestanden waren, war ein großer, mit Orchideen bewachsener Baum umgestürzt und versperrte den Weg. Unter ihm lag ein tiefer, klarer See. Die Kinder wußten, daß weit hinter dem Waldrand unter dem Himmel die Quelle in lieblicher Einsamkeit liegen mußte, dort, wo nur der Wind und das flüsternde Schilf und die Sumpfblumen von den Wegen der Welt unten erzählten. Aber sie konnten nicht hingelangen."

Das war eine Parabel von Amy Carmichael. Die letzte Quelle ihres überfließenden Lebens war außer Sicht und Reichweite, weit im Jenseits, weil sie in Gott war. Der See, aus dem ihr Leben Kraft schöpfte, war der Herr Jesus, dem sie auf Belfasts regnerischen Straßen begegnet war, als ihr die Worte „Wird jemandes Werk bleiben ..." zugerufen wurden, die ihr ganzes Leben veränderten!

Oswald Chambers

Das „höchste" Leben

Wenn sich Oswald Chambers ein Motto für sein Leben gewählt hätte, so wäre es sicher das Wort „Excelsior" gewesen, „Höher hinauf!"

Er war nie mit geringer Leistung zufrieden. Immer war er darauf bedacht, vorwärts zu kommen. Erreichte er aber jemals eins der Ziele, die er sich gesteckt hatte?

In seiner Jugend kannte er nur sonnenlose Täler und steile, schroffe Felsen, und das stellte große Anforderungen an ihn. Seine eigenen Anstrengungen waren von keinerlei Erfolg gekrönt. Da er künstlerisch begabt war, erhielt er ein Stipendium, durch das ihm die Gelegenheit geboten wurde, zwei Jahre an berühmten Kunstzentren auf dem Kontinent zu studieren. Doch als er sich überlegte, wieviel junge Leute schon durch Studien dieser Art an Leib und Seele Schiffbruch erlitten hatten, lehnte er das Stipendium ab.

In der Absicht, sich für die kaufmännische Laufbahn vorzubereiten, ging er zunächst auf die Universität Edinburgh, blieb aber nicht lange dort. Als er auf das wenig bekannte Dunoon Bible Training College überwechselte, waren seine Freunde überzeugt, daß er eine törichte Wahl getroffen hatte. Es schien so, als ließe er sich treiben, anstatt emporzusteigen.

Und doch war das schon der Anfang dazu. An seine Familie und seine Freunde schrieb er: „Seid nicht traurig darüber, daß ich nicht auf der Universität studieren kann. Es wird so vielleicht am besten für mich sein. ‚Suchst du

Großes für dich selbst? Suche es nicht!' Auch ohne Universitätsausbildung will ich mich um der Sache Jesu willen bis zur Grenze meiner Kraft selbst weiterbilden. Oh, wieviel Verzicht und wieviel Selbstzucht wird nötig sein, ehe etwas von der großen Liebe für die Sache Jesu Christi aus mir herausstrahlt!"

Das Leben auf dem Bible College in Dunoon gründete sich auf das Wagnis eines einfältigen Glaubens, der Gott zutraute, daß Er für alle Notdurft sorgen würde. Das war die Grundlage des Lebens, das Chambers im Glauben und Gehorsam führte. Er machte die Erfahrung, daß Gott Gebete erhört. Zugleich entstand in seinem Herzen ein Hunger und Durst, den nur der lebendige Gott stillen konnte. Dieses tiefe Verlangen versuchte er in seinem Tagebuch deutlich zu machen:

„Der Heilige Geist muß mich salben für die Arbeit, Er muß mich anfeuern und mir ganz klarmachen, daß ich diesen oder jenen Weg gehen soll. Sonst werde ich ihn nicht gehen; dann will und wage ich es auch nicht. Ich werde schon zufrieden sein, wenn ich meinen Lebensunterhalt verdiene – aber nein, das kann nicht sein. Seit meiner Kindheit war ich davon überzeugt, daß ich einmal eine große, ganz besondere Arbeit tun und ein tiefes Erlebnis besonderer Art haben würde. Immer und immer hat mich das verfolgt ... Hier ist das Lamm und das Holz, aber wo ist das Feuer? Nur das Feuer des Heiligen Geistes kann das Opfer heilig und untadelig und angenehm in Gottes Augen machen."

Der Allmächtige weckt keine Wünsche in der menschlichen Seele, die Er nicht befriedigen kann. Oswald Chambers strebte nach den höchsten Gipfeln geistlicher Siege und Erkenntnisse. Konnte er aber jemals die höchste Höhe erreichen?

Geistliche Höhen können nicht im Sturm genommen werden, man erreicht sie nur durch Knien; nicht durch kühne Entschlossenheit, sondern durch demütige Hingabe. Wenn man an sich selbst verzweifelt, gerät man in völlige Verzweiflung, aber jenseits dieses Nebels leuchtet die Sonne der Gegenwart Gottes. Mancher wird lieber zu dem gewohnten Sumpf der Niederlagen zurückkehren, als daß er den Nebeln der Enttäuschung trotzt. Die Berggipfel erheben sich hoch über Regen und Dunkelheit. Dieser Ablauf der Krisis des geistlichen Lebens mit ihren weittragenden Folgen deckt sich mit der Erfahrung zahlloser anderer Gotteskinder. Zuerst ist der Hunger des Herzens da. Ihm folgt ein Gefühl der Verzweiflung, das zu völliger Aufgabe des eigenen Ichs führt. Danach kommt es zur Begegnung der Seele mit Gott. Dem verzweifelten Sucher, der wie Jakob am Jabbok Ihn nicht lassen will, bis er gesegnet wird, offenbart sich der Allmächtige auf verschiedene Weise – so, wie es Ihm gefällt.

Auch für Oswald Chambers kam der Tag völliger Selbstaufgabe und absoluter Hingabe an Gott auf allen Lebensgebieten. Er hatte sich schon als Junge zu Christus bekehrt, und der Herr war seine ganze Freude. Es vergingen jedoch noch Jahre, ehe er eine geistliche Stufe erreichte, von der aus er zu den sonnigen Höhen emporsteigen konnte, die Gott ihm als Ziel seines Lebens zugedacht hatte.

„Ich war als Dozent der Philosophie am College in Dunoon tätig", erzählte er, „als Dr. F. B. Meyer dorthin kam und über den Heiligen Geist sprach. Da entschloß ich mich, mir von Gott alles zu erbitten, was nur möglich war. Ich ging in mein Zimmer und bat Ihn einfältig, aber entschieden, um die Fülle des Heiligen Geistes, ganz gleich, was das für mich bedeutete. Von diesem Tage an bewahrte mich vier Jahre lang nur die überwindende Gnade Gottes und die Güte meiner Freunde vor dem Irrenhaus. Gott gebrauchte mich während dieser Jahre zur Bekehrung von Menschenseelen, aber ich hatte keine bewußte Gemeinschaft mit Ihm. Die Bibel war mir das langweiligste, uninteressanteste Buch, das existierte. Ich fühlte meine Verderbtheit und Nichtswürdigkeit, ich sah meine schlechten Charakteranlagen und war darüber furchtbar unglücklich. Ich erkenne heute, daß Gott damals durch das Licht des Heiligen Geistes und Seines Wortes in alle Bereiche meines Wesens hineinleuchtete und sie aufdeckte. In den letzten drei Monaten jener Jahre kam es dann zu einer Krise. Ich wurde immer verzweifelter. Ich kannte auch niemanden, der das, was ich brauchte, selbst besaß. Und im Grunde wußte ich gar nicht einmal, was ich brauchte. Das eine aber wußte ich: Wenn das, was ich hatte, das ganze Christentum war, dann war es ein Betrug.

Da ließ mich das Wort Lukas 11,13 nicht mehr los: ‚So denn ihr, die ihr arg seid, könnt euren Kindern gute Gaben geben, wieviel mehr wird der Vater im Himmel den Heiligen Geist geben denen, die ihn bitten!' Aber wie konnte ich, der ich so schlecht war, überhaupt um die Fülle des Heiligen Geistes bitten?

Mir wurde klar, daß ich mir diese Gabe im Namen Jesu Christi erbitten und daß ich dann auch bezeugen mußte, daß ich sie erhalten hatte. Aber dann kam mir der Gedanke: Wenn du das tust, wird Gott dafür sorgen, daß alle, die dich kennen, erfahren, wie schlecht du bist. Ich aber war nicht willens, ein Narr um Christi willen zu werden. Doch die, die dasselbe erlebt haben, wissen sehr wohl, wie Gott einen bis zu dem Punkt völliger Verzweiflung bringt. Ich kam dahin, daß es mir gleichgültig war, ob jemand wußte, wie schlecht ich war. Ich kümmerte mich um nichts mehr auf der Welt, ich wollte nur noch aus meinem gegenwärtigen Zustand erlöst werden.

In einer kleinen Versammlung während einer Missionswoche in Dunoon wurde eine sehr bekannte Dame gebeten, den Nachmittagsgottesdienst zu leiten. Sie hielt keine Ansprache, sondern eine Gebetsversammlung und sang dann das Lied: ‚Touch me again, Lord.' Ich empfand nichts Besonderes, aber ich wußte ganz genau, daß meine Stunde gekommen war, und erhob mich. Ich hatte keine Erleuchtung von Gott, ich war jedoch hartnäckig entschlossen, Gott um jeden Preis bei Seinem Wort zu nehmen und es für mich zu erproben. Ich stand auf und sagte das im Gebet. Es war eine Überwindung für mich und schlimm genug, aber was folgte, war noch zehnmal schlimmer. Nachdem ich mich gesetzt hatte, sagte die Leiterin, die mich gut kannte; ,Was unser Bruder gesagt hat, war sehr gut, und er hat gleichsam für Sie alle gesprochen.'

Ich erhob mich noch einmal und sagte: ,Ich bin nicht für andere aufgestanden, sondern für mich selbst. Entweder ist das Christentum ein völliger Betrug, oder ich habe es noch nicht richtig erfaßt.' Und wieder bat ich in hartnäckiger Berufung auf die Verheißung in Lukas 11,13 um die Fülle des Heiligen Geistes. Ich hatte keine Vision vom Himmel und keine Engelserscheinung; ich hatte gar nichts. Ich war innerlich so ausgedörrt und leer wie je, ich spürte keine göttliche Kraft, keine Erkenntnis und auch keine Bestätigung des Heiligen Geistes. Darauf wurde ich gebeten, in einer Versammlung zu sprechen, und vierzig Menschen kamen nach vorn. Dankte ich Gott dafür? Nein, ich war erschrocken und überließ sie den Helfern. Dann ging ich zu einem Freund, Mr. McGregor, und erzählte ihm, was geschehen war. Er sagte: ,Haben Sie nicht auf das Wort Jesu hin, ,Ihr werdet die Kraft des Heiligen Geistes empfangen' die Fülle des Heiligen Geistes gefordert? Dies ist nun die Kraft von oben.' Da wurde es mir blitzartig klar, daß ich die Kraft für mich selbst gewünscht hatte, um sagen zu können: ,Seht, das habe ich bekommen, weil ich mich ganz auf den Altar gelegt habe.'

Wenn die vier vorangegangenen Jahre die Hölle auf Erden gewesen waren, so waren die fünf folgenden wirklich der Himmel auf Erden. Gott sei gepriesen, Er hat mein verlangendes Herz bis in die tiefsten Tiefen und bis zum Überfließen mit Seiner Liebe gefüllt. Liebe ist der Anfang, Liebe ist die Mitte, und Liebe ist das Ende. Wenn Gottes Liebe ins Herz hineinkommt, sieht man nur Jesus, immer nur Jesus!

Wenn man weiß, was Gott für einen getan hat, ist die

Nacht und die Tyrannei der Sünde vergangen, und die strahlende, herrliche Freiheit ist durch Christus, der in uns wohnt, angebrochen. Und wenn man dann Männer und Frauen sieht, die Kinder Gottes sein könnten und doch an die Dinge dieser Welt gefesselt sind – dann fängt man an zu verstehen, was der Apostel meint, wenn er sagte, er wünschte selbst verflucht und von Christus geschieden zu sein seinen Brüdern zugute!"

Oswald Chambers lernte auf Grund von Lukas 11,13, daß wir „durch den Glauben" nicht nur den Herrn Jesus als Erlöser, sondern auch die Fülle des Heiligen Geistes empfangen.

Und was bewirkte in Oswald Chambers' Leben der ständige nahe Umgang mit Gott? Er selbst sagte wieder und wieder: „Es ist kein Wunder, daß ich so viel über eine veränderte Natur spreche. Gott hat die meine verändert, ich habe es selbst erlebt." Wie es von den Propheten des Alten Bundes heißt, so kann man es auch von Chambers sagen: Er war ein Mann Gottes. Aber er war nicht unzugänglich oder weltfremd. Er war liebenswürdig in seinem Umgang, ein Mann der Praxis und, wiewohl ein Träumer, doch ein Denker mit weitem Horizont. Ein Pastor schrieb über ihn: „Im freundschaftlichen Umgang war er einer der herzlichsten und anziehendsten Menschen. Die Kinder liebten ihn und seine jungenhafte Art. Trotzdem war er ein entschiedener und unermüdlicher Bote Gottes. Er drängte anderen seine Ansichten nie auf, aber wer etwas von ihm wissen wollte, merkte bald, daß er es mit einem meisterlichen Könner zu tun hatte.

Er war ein Mann des Gebets, der auch in gläubiger Fürbitte für andere einstand. Er hatte eine außergewöhnliche Schrifterkenntnis, und das war der Grund seiner gezielten und praktischen Predigtweise. Daß andere ihn verleumdeten und herabsetzten, konnte ihn nicht davon abbringen, seinem Heiland zu folgen, der selbst von den Menschen verschmäht und verworfen worden war. Er war buchstäblich ein Gebundener Jesu Christi. Und doch kannte keiner die herrliche Freiheit eines Gotteskindes besser als er.

Er war ein Lehrer, der andere für das Wort Gottes begeistern konnte. Er liebte das Wort und seine Studenten. Einer von ihnen sagte einmal: „Es stimmt, daß er ein großes Interesse an seinen Studenten hatte. Er paßte seine Vorlesungen unserer geistigen Aufnahmefähigkeit an und erklärte uns im persönlichen Gespräch, was wir nicht verstanden hatten. Seine Begeisterung kannte keine Grenzen. Nie tat er etwas Halbes."

Er war dem Herrn Jesus Christus leidenschaftlich ergeben. Er wandelte mit Gott und machte allen seinen Bekannten Mut, es doch zu glauben, daß es wirkliches Leben nur gab, wenn man Gott und Jesu Christus, den Er gesandt hatte, kannte. Weil er selbst mit dem Höchsten wandelte, lernten seine Studenten es auch. Einer erklärte einmal: „Er führte uns zu Jesus Christus hin, nicht zu sich ..., er machte es uns niemals leicht, nie ließ er uns die Wahl."

Die große Leidenschaft seines Lebens war völlige Hingabe an den Herrn Jesus und an Seinen Willen. Dadurch wurde ihm eine innere Ruhe und ein Frieden geschenkt, die fest und unerschütterlich waren. Nach außen hin war er unermüdlich im Lehren, Schreiben, Zeugen, Beten. In Amerika und Japan gebrauchte Gott seine geisterfüllte Verkündigung dazu, das Leben vieler Menschen umzugestalten.

1911 wurde er als Lehrer an das Dunoon Bible Training College gerufen. Seine Aufgabe dort erfüllte er in seiner immer freundlichen und gütigen Art unter großem Segen. Im Juli 1915 schickte man ihn im Auftrage des CVJM-Auslandsdienstes mit den britischen Truppen nach Ägypten.

Durch seine unermüdliche Sorge um das Wohlergehen seiner Leute wurde er selbst zu einer tieferen Erkenntnis der Schrift geführt, als es in der beschützten und ruhigen Umgebung in England der Fall gewesen war.

Seine Pflichten in Ägypten waren aufreibend, trotzdem war er immer fröhlich und guten Mutes.

Während General Allenby und die Expeditionsstreitkräfte ihren siegreichen Feldzug zur Befreiung Jerusalems und Palästinas von der jahrelangen Herrschaft der Türken führten, wurde dieser treue Diener Gottes in Zeitoun zu höherem Dienst abgerufen. Es scheint uns eine seltsame Fügung Gottes zu sein, daß Oswald Chambers seine Predigttätigkeit auf Erden schon in seinen vierziger Jahren beschließen mußte. Aber Gottes Wege werden wir erst später verstehen.

Der Titel von Oswald Chambers' meistbekanntem Buch „Mein Äußerstes für Sein Höchstes" gibt einen Abriß seines Weges mit Gott. Dieses Erbauungsbuch mit täglichen Andachten ist vielleicht ebenso verbreitet wie irgendein anderes Buch dieser Art. Und obwohl es mehr als zwanzig Auflagen erlebt hat, ist es immer noch stark gefragt. Das Geheimnis, daß es so lebendig weiterwirkt, liegt darin, daß der Mitpilger, der Gott sucht, vom Ewigen berührt wird.

Ein einfacher Grabstein auf dem Militärfriedhof in Alt-Cairo bezeichnet seinen letzten irdischen Ruheplatz. Auf diesem Stein ist kein Wort von ihm selbst, von der Familie oder von Freunden eingemeißelt, sondern das Wort aus Lukas 11,13, das in seiner hoheitsvollen Schlichtheit Zeugnis von seinem Leben gibt: „Wieviel mehr wird euer himmlischer Vater den Heiligen Geist geben denen, die ihn darum bitten."

Charles G. Finney

Das kraftvolle Leben

Ein aufgeweckter Bauernjunge, ein eifriger Zeuge unter seinen Berufskollegen, ein scharfer und machtvoller Bußprediger, das war Charles G. Finney. Geboren im ländlichen Connecticut nach dem Revolutionskrieg, aufgewachsen in einer Hinterwäldlergegend des Staates New York, war er zuerst Schullehrer und Rechtsanwalt, ehe er Prediger des Evangeliums wurde.

Finneys Bekehrung geschah plötzlich und war aufsehenerregend und dramatisch. In seiner Jugend hatte er so wenig christliche Belehrung empfangen, daß er sich mit neunundzwanzig Jahren noch wie ein Heide vorkam. Er verstand die biblische Ausdrucksweise nicht, und wenn auch einige Gläubige sich bemühten, ihn in die christliche Glaubenslehre einzuführen, konnten sie ihn doch noch nicht überzeugen. Trotzdem glaubte er, daß die Bibel Gottes Wort ist. Das führte ihn dazu, die Heilige Schrift zu lesen und sich Gedanken über die Rettung seiner Seele zu machen. Von seiner fürchterlichen Not und Verzweiflung und dem überwältigenden Sieg erzählt Finney selbst weit besser, als es ein anderer könnte:

„An einem Samstagabend im Herbst 1821 nahm ich mir vor, mich ernstlich um das Heil meiner Seele zu kümmern, um, wenn irgend möglich, bald Frieden mit Gott zu bekommen. Aber da ich in meinem Beruf sehr stark in Anspruch genommen war, war es mir klar, daß es ohne große Energie niemals dazu kommen würde. Ich beschloß daher, allen Geschäften möglichst aus dem Wege zu gehen und nur darauf bedacht zu sein, Gewißheit über das Heil meiner Seele zu erlangen. Ich führte diesen Entschluß so ernst und gründlich aus, wie ich nur konnte. Zwar mußte ich ziemlich viel im Büro sein, doch fügte es Gott, daß ich am Montag und Dienstag wenig zu tun hatte, so daß ich reichlich Zeit fand, meine Bibel zu lesen und zu beten.

Am Montag und Dienstag wuchs das Gefühl meiner Schuld immer mehr, aber mein Herz schien immer härter zu werden. Ich konnte keine Träne vergießen. Dabei hatte ich das Gefühl, daß ich Erleichterung und Trost finden würde, wenn ich hätte allein sein und laut beten können. Ich war schüchtern und vermied es soweit wie möglich, mit jemandem zu sprechen. Ich bemühte mich aber, nicht etwa den Verdacht zu erregen, daß ich das Heil meiner Seele suchte.

Dienstag abend war ich sehr nervös geworden, und in der Nacht kam ein sonderbares Gefühl über mich, als müßte ich sterben. Ich wußte, daß ich zur Hölle fahren würde, wenn das geschah. Aber ich versuchte bis gegen Morgen, mich immer wieder zu beruhigen.

In aller Frühe machte ich mich auf den Weg ins Büro. Aber ehe ich dort ankam, war es mir auf einmal, als fragte mich eine Stimme in meinem Innern: ‚Worauf wartest du eigentlich? Hast du nicht Gott versprochen, Ihm dein Herz zu schenken? Und was tust du? Versuchst du nicht, dir selbst eine Rechtfertigung zu schaffen?'

In diesem Augenblick wurde mir der Plan Gottes zu meiner Erlösung in wunderbarer Weise klar. Und ich erkannte so deutlich wie noch nie in meinem Leben die Bedeutung und Größe des Sühnopfers Christi. Ich erkannte, daß dieses Erlösungswerk vollendet und abgeschlossen war. Und deshalb mußte ich, wenn ich vor Gott bestehen sollte, statt aller Versuche, mich selbst zu rechtfertigen, mich unter die Rechtfertigung stellen, die Gott durch Christus für mich geschaffen hatte. Die Frohe Botschaft von der Erlösung erschien mir als ein Angebot, das ich annehmen mußte – ein Angebot, das eine ganze und völlige Erlösung brachte. Alles, was ich von mir aus zu tun hatte, war, meine Sünden aufzugeben und Christus anzunehmen. Die Erlösung – das wurde mir jetzt klar – konnte man sich nicht durch eigene Werke erringen, sondern war ganz allein in dem Herrn Jesus Christus zu finden, der sich mir als mein Gott und mein Heiland anbot.

Ohne mir dessen bewußt zu sein, war ich auf der Straße genau an der Stelle stehengeblieben, wo mich die innere Stimme hatte aufmerken lassen. Wie lange ich dort stand, kann ich nicht sagen. Aber nachdem mir diese Offenbarung kurze Zeit deutlich vor der Seele gestanden hatte, war es mir, als würde die Frage an mich gestellt: ‚Willst du es heute annehmen?' Ich antwortete: „Ja, ich will es heute annehmen, und wenn ich dabei sterben sollte.'

Nördlich des Städtchens liegt auf einem Hügel ein kleiner Wald, in dem ich bei schönem Wetter fast täglich mehr oder weniger lange spazierenging. Jetzt im Oktober war die Zeit meiner häufigen Spaziergänge dorthin vorbei. Trotzdem machte ich kehrt und ging, statt ins Büro, dem Walde zu. Ich spürte, daß ich allein sein mußte, fern von allen Menschen, um mein Herz im Gebet vor Gott ausschütten zu können.

Als ich aber zu beten versuchte, merkte ich, daß ich nicht beten konnte. Ich hatte gedacht, wenn ich nur allein sein und laut sprechen könnte, ohne daß mich jemand hörte, würde ich ungezwungen beten können. Aber siehe da, als ich es versuchte, brachte ich kein Wort über die Lippen, das heißt, ich hatte Gott nichts zu sagen als schließlich nur ein paar Worte, bei denen mein Herz nicht beteiligt war. Bei dem Versuch zu beten meinte ich es in den Blättern rascheln zu hören; ich brach ab und sah mich um, ob etwa jemand käme. Das tat ich mehrere Male.

Schließlich war ich fast der Verzweiflung nahe. Ich sagte mir: ‚Ich kann nicht beten; mein Herz ist tot für Gott und will nicht beten.' Dann machte ich mir Vorwürfe, daß ich Gott versprochen hatte, nicht eher den Wald wieder zu verlassen, bis ich Ihm mein Herz geschenkt hätte. Aber sobald ich zu beten anfing, merkte ich, daß ich Gott mein Herz nicht schenken konnte. Mein Innerstes sträubte sich, mein Herz streckte sich nicht nach Gott aus. Ich hatte tief in mir das Gefühl: Es ist zu spät, Gott hat mich aufgegeben.

Der Gedanke, daß ich Gott so übereilt das Versprechen gegeben hatte, Ihm an diesem Tage mein Herz zu schenken, und wenn ich dabei sterben sollte, bedrückte mich. Ich hielt es für bindend und war doch im Begriff, mein Gelübde zu brechen. Eine große Schwäche und Mutlosigkeit überfiel mich, und ich konnte mich kaum auf meinen Knien halten.

Da glaubte ich wieder ein Geräusch zu hören, und ich sah mich um, ob jemand käme. Aber in diesem Augenblick erkannte ich den Stolz meines Herzens, und es wurde mir klar, daß er das große Hindernis war, das im Wege stand. Ein erdrückendes Gefühl darüber, daß ich mich in meiner Verdorbenheit schämte, ein menschliches Wesen könnte mich vor Gott auf den Knien liegen sehen, ergriff mich mit solcher Gewalt, daß ich mit lauter Stimme ausrief, ich würde diesen Platz nicht verlassen, und wenn alle Menschen der Erde und alle Teufel der Hölle mich umringen würden. ‚Was!' rief ich, ‚ein so niederträchtiger Sünder wie ich, der dem großen und heiligen Gott auf den Knien seine Sünden bekennt, schämt sich, daß ihn ein anderer sündiger Mensch finden könnte, wie er auf den Knien liegt und sich bemüht, Frieden mit Gott zu finden!' Die Sünde erschien mir so ungeheuer, daß ich vor dem Herrn zusammenbrach.

Wie ein helles Licht fiel da auf einmal das Wort der Schrift in mein Herz: ‚Und ihr werdet mich anrufen und hingehen und mich bitten, und ich will euch erhören. Ihr werdet mich suchen und finden. Denn so ihr mich von ganzem Herzen suchen werdet, so will ich mich von euch finden lassen.' Ich griff sofort mit ganzem Herzen nach diesem Halt. Vorher hatte ich nur verstandesmäßig der

Bibel Glauben geschenkt, nie aber die Wahrheit erkannt, daß der Glaube ein Vertrauen aus freiem Willen ist und nicht ein verstandesmäßiges Erfassen. So sicher ich wußte, daß ich lebte, so gewiß glaubte ich in jenem Augenblick an Gottes Wahrhaftigkeit. Ich wußte auch, daß das eine Stelle der Heiligen Schrift war, obwohl ich kaum glaube, sie jemals gelesen zu haben. Ich wußte, daß es Gottes Wort und Gottes Stimme war, die zu mir sprach. Ich schrie zu ihm: ‚Herr, ich nehme dich bei deinem Wort! Du weißt, daß ich dich jetzt von ganzem Herzen suche und daß ich hierher gekommen bin, um dich anzurufen; und du hast versprochen, mich zu hören.'

Damit war die Frage, ob ich noch im Laufe des Tages mein Gelübde einhalten konnte, gelöst. Der Heilige Geist legte besonderen Nachdruck auf den Gedanken: ‚Wenn ihr mich von ganzem Herzen suchen werdet.' Die Frage des ‚Wenn' – für mich bedeutete es den gegenwärtigen Zeitpunkt – fiel schwer auf mein Herz. Ich sagte dem Herrn, daß ich Ihn bei Seinem Wort nehmen würde; daß Er nicht lügen könne und daß ich daher die Zuversicht hätte, daß Er mein Gebet hörte und sich von mir finden lassen werde.

Ich ging ruhig in die Stadt zurück. In mir war es so still, daß es mir vorkam, als lauschte die ganze Natur. Es war am 10. Oktober und ein sehr schöner Tag. Ich war sofort nach einem zeitig eingenommenen Frühstück in den Wald gegangen. Als ich nun in die Stadt zurückkehrte, merkte ich, daß es schon Essenszeit war. Ich konnte es nicht fassen, daß schon so viel Zeit verstrichen war.

Ich ging zu Tisch, konnte aber nichts essen. Dann ging ich ins Büro und merkte, daß Richter W. zum Essen gegangen war. Ich nahm meine Geige zur Hand und begann, wie ich es gewöhnt war, einige geistliche Lieder zu spielen. Aber sobald ich die ersten Worte gesungen hatte, brach ich in Tränen aus. Mein Herz schien zu zerfließen, und mein Gemüt war in einem derartigen Zustand, daß ich meine eigene Stimme nicht hören konnte. Ich wunderte mich darüber und versuchte, meine Tränen zu unterdrücken, aber ich konnte es nicht. Ich legte das Instrument weg und hörte auf zu singen.

Nach der Tischzeit waren wir damit beschäftigt, unsere Bücher und Möbel in ein anderes Zimmer umzuräumen. Dabei fanden wir den ganzen Nachmittag wenig Zeit zur Unterhaltung. Ich blieb jedoch innerlich völlig ruhig. Ein Gefühl des Glücks und großer Freude erfüllte mich. Alles schien in Ordnung zu sein, und es war mir, als könnte mich nicht das geringste mehr aus der Ruhe bringen oder stören.

Noch bevor es Abend wurde, kam mir der Gedanke, wieder zu beten, sobald ich in dem neuen Büro allein war, obwohl ich keine Angst mehr um meine Seele hatte.

Gegen Abend waren die Bücher und Möbel eingeräumt, und ich machte mir im Kamin ein schönes Feuer, in der Hoffnung, am Abend allein sein zu können. Sobald es dunkel wurde und Richter W. sah, daß alles in Ordnung war, wünschte er mir Gute Nacht und ging nach Hause. Ich hatte ihn zur Tür begleitet. Als ich sie verschlossen hatte und mich umsah, übermannten mich wieder alle meine Gefühle. Mein Herz schien überzufließen, und ich hatte den Wunsch, es ganz vor Gott auszuschütten. Meine innere Erregung war so groß, daß ich in das hintere Zimmer eilte, um zu beten.

Es war kein Feuer und kein Licht in diesem Raum. Trotzdem schien es mir, als ob es vollkommen hell wäre. Als ich hineinging und die Tür hinter mir schloß, war es mir, als stünde ich dem Herrn Jesus von Angesicht zu Angesicht gegenüber. Weder in diesem Augenblick noch später kam mir der Gedanke, daß das Ganze eine Sinnestäuschung gewesen sein könnte. Im Gegenteil, ich sah Ihn so leibhaftig vor mir wie irgendeinen anderen Menschen. Er sagte nichts, aber Er sah mich so an, daß ich zu Seinen Füßen niedersank. Dabei weinte ich wie ein Kind und bekannte Ihm mit abgerissenen Worten alles, was mir einfiel. Es schien mir, als badete ich Seine Füße mit meinen Tränen, und doch hatte ich nicht den Eindruck, daß ich Ihn berührte.

Ich muß mich wohl längere Zeit in diesem Zustand befunden haben ... jedenfalls waren die großen Holzscheite im Kamin fast völlig niedergebrannt, als ich in das Büro zurückkehrte. Ich wollte mich gerade an das Feuer setzen, da empfing ich eine gewaltige Taufe des Heiligen Geistes. Ohne daß ich bisher von irgend jemandem in der Welt von einer Geistestaufe gehört oder eine solche Taufe auch nur in Gedanken für mich erwartet hätte, fiel der Heilige Geist auf mich. Ich hatte den Eindruck, als ginge mir ein elektrischer Strom durch Leib und Seele. Eine Welle der Liebe nach der anderen ergoß sich über mich. Anders kann ich es nicht in Worte fassen. Es war wie der Atem Gottes. Ich kann mich deutlich daran erinnern, daß es mich wie mit ungeheuren Schwingen anwehte.

Die wunderbare Liebe, die in mein Herz ausgegossen wurde, kann man mit Worten nicht schildern. Ich weinte laut vor Freude und Glück. In dem unsagbaren Überschwang meines Herzens muß ich wohl auch buchstäblich geschrien haben. Unaufhörlich überfluteten mich diese Wogen, bis ich ausrief: ‚Herr, wenn das weiter anhält, muß ich sterben, ich kann es nicht mehr ertragen!' Doch dabei hatte ich keine Furcht vor dem Tode.

Wie lange dieser Zustand andauerte, weiß ich nicht. Aber ich weiß, daß es schon spät am Abend war, als ein Mitglied des Kirchenchores, dessen Leiter ich war, mich im Geschäft aufsuchte. Als er mich so laut weinend antraf, fragte er mich: ‚Mr. Finney, was fehlt Ihnen?' Ich konnte ihm eine Zeitlang keine Antwort geben. Er fragte dann: ‚Haben Sie Schmerzen?' Ich nahm mich zusammen, so gut ich konnte, und erwiderte: ‚Nein, aber ich bin so glücklich, daß ich es nicht ertrage!'

Als ich zu Bett gegangen war, schlief ich schnell ein, erwachte aber bald wieder durch die Flut der Liebe Gottes, die mein Herz durchströmte. Ich war so von Liebe erfüllt, daß ich nicht schlafen konnte. Nach einiger Zeit fiel ich doch wieder in Schlaf, erwachte aber aus demselben Grunde. Das wiederholte sich mehrere Male, bis ich spät in der Nacht fest einschlief.

Als ich am Morgen erwachte, war die Sonne schon aufgegangen und schien hell in mein Zimmer. Mit Worten kann ich nicht beschreiben, welche Gefühle mich beim Anblick der Sonne bewegten. Plötzlich empfing ich in der gleichen Weise wie am Abend vorher wieder eine Geistestaufe. Ich kniete mich in meinem Bett hin und weinte laut vor Freude. Einige Zeit war ich so überwältigt, daß ich nichts anderes tun konnte, als Gott mein Herz auszuschütten. An diesem Morgen war die Taufe von einem leichten Vorwurf begleitet. Der Heilige Geist schien mich zu fragen: ‚Willst du zweifeln?' Ich rief: ‚Nein! Ich will nicht zweifeln, ich kann nicht zweifeln!' Er machte mir dann alles klar, so daß es mir tatsächlich unmöglich war, daran zu zweifeln, daß der Heilige Geist Besitz von mir ergriffen hatte.

Jetzt lernte ich den Sinn der Lehre von der Rechtfertigung durch den Glauben persönlich kennen. Ich hatte tatsächlich gar nicht gewußt, was sie im eigentlichen Sinne bedeutete. Jetzt wußte ich aus persönlicher Erfahrung, was mit dem Wort gemeint war: ‚Nun wir denn gerechtfertigt sind durch den Glauben, haben wir Frieden mit Gott durch unseren Herrn Jesus Christus.' Ich merkte, daß in dem Augenblick, wo ich dort im Walde Christus im Glauben ergriffen hatte, jedes Gefühl der Schuld und des Verdammtseins aus meinem Herzen verschwunden war – es war, als hätte ich niemals gesündigt."

Durch den Geist Gottes bekam Finney tiefe innere Heilsgewißheit, lernte Gottes Heilsplan kennen und wurde durch den Geist wiedergeboren. Darauf wurde er, ohne daß er von einem solchen Erlebnis etwas gehört oder gewußt hatte, mit diesem Geist bis zum Überfließen erfüllt.

Wiedergeboren und ausgerüstet mit dem Feuer von oben, begann Finney nun für seinen neugefundenen Heiland zu zeugen. Wo immer er ging und stand, wirkte sein Zeugnis durch die Kraft des Heiligen Geistes. Schon am ersten Tag nach seiner Bekehrung sprach er mit vielen seiner Nachbarn und Freunde und konnte sagen: „Ich glaube, daß der Heilige Geist einen bleibenden, unauslöschlichen Eindruck auf sie alle ausübte. Ich kann mich an keinen einzigen erinnern, der sich nicht bald, nachdem ich mit ihm gesprochen hatte, bekehrte." Sein Kollege im Anwaltsbüro, Richter Wright, kam als erster zum Heiland. Als Finney beim Besuch einer Familie das Tischgebet sprach, zog sich ein gottloser junger Mann, der gerade anwesend war, in sein Zimmer zurück. Am nächsten Morgen verließ er es wieder als gläubiger Christ. Finney berichtete: „Das Wort Gottes hatte eine wunderbare Kraft, und ich war jeden Tag von neuem überrascht, wie ein paar Worte, die ich zu einem Menschen sprach, wie ein abgeschossener Pfeil in dessen Herz steckenblieb."

Durch den Heiligen Geist wurde Finney ein Mann des Gebets und dann wie selbstverständlich ein Prediger des Evangeliums. Er begann in kleinen Schulhäusern und Dorfkirchen zu predigen und von Christus zu zeugen. In seinen Erinnerungen schreibt er: „Der Heilige Geist erfüllte mich, und ich wußte jedesmal vor einer Predigt ganz genau, über welchen Text ich sprechen sollte. Der Geist Gottes kam mit solcher Gewalt auf mich, daß es war, als wenn das Feuer einer Batterie auf die Menschen eröffnet würde. Eine oder anderthalb Stunden lang bewegte das Wort Gottes die Herzen der Menschen mit einer Gewalt, die alles mit sich fortriß ... Der Heilige Geist fiel auf die Versammlung, und viele Zuhörer senkten die Köpfe. Einige seufzten so laut, daß man es durch das ganze Haus hören konnte."

Die machtvollen Erweckungsversammlungen Finneys, die er bis nach England ausdehnte, hatten eine völlige Wandlung im Leben der Menschen zur Folge. Einer, der in Rochester, New York, zur Bekehrung kam, hat über Finneys Erweckungsarbeit in dieser Stadt berichtet, in der innerhalb eines Jahres mehr als hunderttausend Menschen den Herrn Jesus als ihren Retter annahmen. Er schrieb: „Die ganze Stadt war in Aufregung. wo man hinhörte, sprach man über religiöse Dinge, in den Häusern, in den Läden und Büros, auf der Straße ... Das einzige Theater in der Stadt wurde in einen Mietstall umgewandelt, der Zirkus in eine Seifen- und Kerzenfabrik. Die Schnapsläden wurden geschlossen, der Sonntag wurde wieder geheiligt. In den Kirchen drängten sich glückliche Menschen, die den Herrn lobten und anbeteten. Die Werke der Nächstenliebe blühten neu auf, der Wohltätigkeit öffneten sich Türen und Herzen, und die Menschen bemühten sich, Gutes zu tun."

In dem Bericht dieses Augenzeugen heißt es weiter: „Es muß besonders hervorgehoben werden, daß sich unter den Bekehrten eine große Anzahl führender Männer der Stadt befanden: Rechtsanwälte, Richter, Ärzte, Kaufleute, Bankiers und Handwerksmeister. Diese Stände wurden gleich zu Anfang stärker vom Evangelium erfaßt als andere. Männer, stark wie Eichen, wurden wie vom Sturmwind gebeugt, Skeptiker und Spötter wurden überwältigt. Auch eine große Anzahl verheißungsvoller junger Menschen bekehrten sich. Nicht weniger als vierzig von ihnen wurden Prediger des Evangeliums ...

Es ist nicht zuviel behauptet, wenn man sagt, daß der ganze Charakter der Stadt durch diese Erweckung verändert wurde. Da sich die meisten der führenden Persönlichkeiten, die einen beherrschenden Einfluß im sozialen, gesellschaftlichen und zivilen Leben ausübten, bekehrten, stand das religiöse Leben wie in kaum einem anderen Ort im Mittelpunkt. Bis in die Gerichtshöfe und Gefängnisse hinein waren die segensreichen Folgen zu spüren. Wunderbar war es, wie die Verbrechen abnahmen. Die Gerichte hatten nur wenig zu tun, und die Kerker waren jahrelang fast leer."

Manchem, der Finneys gewaltige Predigten gehört hat, wird die aufrüttelnde Art und Weise, wie er den Menschen die Forderungen und Ansprüche Christi vor Augen stellte, zu schroff und streng erschienen sein. Dabei war dieser Gottesmann in Wirklichkeit sehr leicht gerührt und besaß eine große Herzenswärme. Im späteren Verlauf seiner Tätigkeit als Prediger erlebte Finney noch einmal eine durchgreifende Herzensprüfung durch den Heiligen Geist. Er schreibt darüber in seinen Erinnerungen: „Der Herr schenkte mir nach einer sehr tiefgehenden inneren Läuterung eine neue Geistestaufe ... Einen großen Teil meiner Zeit widmete ich dem Gebet. Nach den Abendversammlungen zog ich mich, sobald ich konnte, zurück, stand aber um vier Uhr morgens schon wieder auf, weil ich nicht länger schlafen konnte. Ich ging sofort in mein Studierzimmer, um zu beten. Was ich in jenen Tagen an Zeit erübrigen konnte, brachte ich damit zu, in der Schrift zu forschen. Ich las in jenem Winter nichts anderes als meine Bibel, die mir zum großen Teil völlig neu vorkam ... Die ganze Heilige Schrift schien mir wie von hellem Licht durchflutet zu sein, mehr noch, sie war für mich von göttlichem Leben erfüllt ... Damals war ich so innig mit Christus verbunden, wie ich es niemals vorher für möglich gehalten hätte. Ich empfand die Sprache Salomos in seinem Hohenlied so natürlich wie meinen Atem. Ich glaubte, ihn in dem Herzenszustand, in dem er dieses Lied geschrieben hatte, gut verstehen zu können. Ich folgerte daraus – und das glaube ich bis heute –, daß er dieses Lied nach der Umkehr von seinem großen Rückfall geschrieben hat. Ich hatte nicht nur die ganze Frische und Spannkraft der ersten Liebe wiedergewonnen, sondern noch sehr viel mehr dazu. Das, was mir der Herr an Erfahrungen schenkte, ging weit über alles bisher Erlebte hinaus. Er schenkte mir außerdem so viel Licht über die Bedeutung der Bibel, über Christi machtvolles und aufopferndes Wirken, daß ich oft zu Ihm sagte: Ich habe nie geglaubt, daß so etwas möglich wäre."

Was Finney mit Gott erlebte, unterschied sich ganz ungeheuer von den Erfahrungen, die die meisten Diener des

Herrn machten. Man darf es aber trotzdem nicht übersehen. Der Geist Gottes weht wie der Wind, wo Er will, und Er hat das Herz dieses Evangelisten mit dem Feuer Gottes erfüllt.

Adoniram J. Gordon

Das zuchtvolle Leben

Adoniram Judson Gordon war ein Mann von stattlicher Erscheinung und mit überragendem Verstand. Gewaltig in Worten und Taten, war er unablässig im Dienste für seinen Heiland tätig, immer bereit, eine gute Sache zu unterstützen oder einem niedergeschlagenen Sünder zu helfen. Er hatte ein strahlendes, freundliches Wesen, war fromm, geduldig, vorbildlich in jeder Beziehung, ein Menschenfreund und vor allem ein Kinderfreund. Frei von Streitsucht, stritt er doch wie ein wahrer Heiliger für den Glauben, „der ein für allemal den Heiligen übergeben ist". Kritik ertrug er ruhig und unerschrocken, beinahe wie etwas Erfreuliches.

Als Gelehrter und Prediger, Autor und Bibellehrer hinterließ er uns in den Büchern, die er schrieb, und dem Bibel-College, das er gründete, ein reiches Erbe an starkem Glauben und guten Werken. Sehr zurückhaltend war er, wenn er darüber sprechen sollte, wie sich Gott besonders in der Krisis seines geistlichen Lebens seiner angenommen hatte. In einem Sommer sprachen Dr. Gordon und Dwight L. Moody auf einer Northfield-Konferenz bei einem Einsegnungsgottesdienst zu einer Gruppe Studenten. In einem Brief an seine Frau schrieb Dr. Gordon: „Die Fragen, die sie über das Wirken des Heiligen Geistes stellen, sind die schwersten, die ich zu beantworten habe. Fragen der Erfahrung sind viel schwieriger als Fragen der Lehre. Denn während ‚das Zeugnis des Herrn gewiß' ist, ist das Zeugnis unserer persönlichen Erfahrungen so veränderlich wie die Spur im Sand des Meeresufers, die die nächste Woge verändert. Nachdem Mr. Moody den Studenten, die ihn danach gefragt hatten, seine Erfahrungen über die Geistestaufe mitgeteilt hatte, war ich sehr zurückhaltend, als sie mich auch danach fragten, und mußte bekennen, daß ich ungern darüber sprach. Die jungen Leute wollten über beides Bescheid wissen, über Lehre und Erfahrung. Eine hungrigere Menge hätte man nicht finden können. Möge der Herr es uns schenken, daß wir ihnen immer mehr darüber sagen können."

In seiner geistlichen Selbstbiographie „Wie ein Christ zur Kirche kam" wies Dr. Gordon auf die seelische Belastung hin, die ihn in seinem Predigtamt bald zur Verzweiflung brachte. Er schrieb darüber einen Bericht, den viele kennen werden:

„Ich erinnere mich gut an jene Tage, als ich durch mein Mühen und Mich-Abquälen an den Rand der Verzweiflung gekommen war. Die Zuhörer sollten dazu gebracht werden, Buße zu tun und sich zu Christus zu bekennen. Deshalb meinte ich, ich müßte mehr Zeit und Mühe auf die Ausarbeitung der Predigt verwenden. Ich meinte, ich müßte auch mehr Schärfe in die Aussagen legen und mich um mehr Sorgfalt bei der Wiedergabe des Vortrages bemühen. Aber dann kam die Enttäuschung. Wenige nur – wenn überhaupt jemand – wurden durch all die mühsame Arbeit einer Woche bekehrt. Und nun richtete ich meine Aufmerksamkeit auf die Gebetsversammlungen. Dort vermutete ich die Ursache der Schwierigkeiten, da die Stunden so wenig besucht wurden und überhaupt keine Bereitwilligkeit vorhanden war, daran teilzunehmen. Am nächsten Sonntag mußte also von der Kanzel herab die Geißel geschwungen und in die Peitsche der schärfste Stachel hineingeflochten werden, den Worte hervorbringen konnten. Aber o weh, der Besuch wurde nicht besser, und an Stelle von Freudigkeit zu Gebet und Zeugnis herrschte Schweigen, das fast wie Trotz aussah! Dann ging alles schief in der Gemeinde, und unter den Vorstandsbrüdern machte sich Widerstand bemerkbar. Es mußte eine Wahl vorgenommen werden, bei der die Mitglieder ihren Willen bekunden konnten. So vermehrte sich die Last der Sorge, während ich sie zu verringern suchte; und ich, der ich helfen sollte, hielt das Werk auf. Völlige Mutlosigkeit und schlaflose Nächte waren die Folge. Diese Schwierigkeiten bei meiner Tätigkeit zwangen mich schließlich, die Arbeit einzustellen und den Arzt aufzusuchen. Er verordnete mir wegen Überarbeitung absolute Ruhe.

Nach alledem – sogar die vertrautesten Freunde wußten nichts davon – war eines Tages eine stille, mahnende Stimme da, die sagte: ‚Da ist einer unter euch, den du nicht kennst.' Und vielleicht hatte ich geantwortet: ‚Wer ist es, Herr? Ich möchte ihn kennenlernen.' Ich hatte bisher den Heiligen Geist als eine göttliche Kraft angesehen, die man sich erflehen konnte. Aber ich hatte nicht die Wahrheit erfaßt, daß Er eine Person der göttlichen Dreieinigkeit ist, die zu einer bestimmten Zeit auf die Erde herabkam und seitdem in der Gemeinde Jesu ist – ebenso wirklich und gegenwärtig wie Jesus während der dreiunddreißig Jahre hier auf Erden."

Mit leichter werdendem Herzen kam er dann zum Höhepunkt: „Wieviele echte, treue Christen plagen sich ab, tragen Lasten und nehmen Verantwortung auf sich, die viel zu schwer für ihre natürliche Kraft ist. Sie vergessen völlig, daß der mächtige Lastenträger der Welt bei ihnen ist und alles, was sie allein ausführen wollen, für sie und durch sie tun will! Solche Christen können glücklich sein, wenn eines Tages, da sie müde und verzagt sind, der heilige Paraklet, der unsichtbare Christus, zu ihnen sagt: ‚Ich bin so lange bei euch, und du kennst mich nicht?' So erging es mir. Der mächtige Sohn Gottes offenbarte sich mir als der, der immer in Seiner Gemeinde gegenwärtig ist. Ich lernte Ihn nicht durch eine plötzliche Offenbarung kennen, nicht durch ein aufregendes Erlebnis, das mir eine Heilung brachte, sondern durch langsames Wachsen.

Jesus im Heiligen Geist stand wie eine Erscheinung vor mir, und ich nahm nun, so wie ich einst Christus, den Gekreuzigten, entschieden und endgültig als meinen Sündenträger angenommen hatte, den Heiligen Geist als meinen Lastenträger an."

Ein nahestehender persönlicher Freund, der verstorbene George C. Needham, berichtete über die „Ausrüstung zum Dienst" für diesen Diener Gottes.

„Dr. Gordon glaubte, im Gegensatz zu manchen Christen, daß es immer noch etwas Höheres gäbe. Und das suchte er zu erreichen. Während der ersten Northfield-Versammlung vor fünfzehn Jahren wollte er sich brennend gern das erringen, was er als Heiliger und Diener Christi brauchte. Gegen Schluß jener denkwürdigen zehn Tage, die er mehr mit Gebet als mit Predigen zugebracht hatte, besuchte mich mein geliebter Freund in einer mitternächtlichen Stunde, wo der Heilige Geist sein Herz besonders erforschte und erfüllte. Er las mit großer Einfühlung das Hohepriesterliche Gebet unseres Herrn aus Johannes 17. Bei den Worten Jesu von der Einheit der Gläubigen mit Christus und dem Vater brach er in laute Rufe des Staunens aus und las dann mit großem Pathos weiter. Bei dem anschließenden gemeinsamen Gebet schüttete der fromme Mann freimütig und mit unbeschreiblicher Innigkeit sein Herz aus. Ich hörte später niemals, daß er sich rühmte, in jener mitternächtlichen Stunde eine besondere geistliche Erfahrung gemacht zu haben. Solche Erlebnisse waren ihm zu heilig, als daß man bei jeder beliebigen Gelegenheit davon reden könnte. Aber ich zweifle nicht daran, daß er damals eine Begegnung mit Gott hatte, die sein persönliches Leben in der Zukunft noch mehr heiligte, so daß auch sein Dienst immer stärker vom Geist durchdrungen wurde und seine Liebe und sein Mitgefühl für den Nächsten immer mehr zunahmen."

Nachdem Dr. Gordon so dem auferstandenen Herrn begegnet war und die Fülle des Heiligen Geistes empfangen hatte, eilte er zu einem Predigertreffen nach Seabright, New Jersey. Einer, der ihn dort kennenlernte, hat uns folgendes überliefert:

„Ich erinnere mich, wie er einmal nach der Augustkonferenz von Northfield kam. Er schien voll des Heiligen Geistes zu sein und konnte über alltägliche, unwichtige Dinge nicht sprechen. Er erzählte, er hätte eine große Segnung erfahren. Nachdem er auf sein Zimmer gegangen war, kam er bald wieder heraus und erkundigte sich nach dem Weg hinunter ins Fischerdorf. Von dort kam er erst zurück, als wir an diesem heißen Nachmittag schon beim Dinner saßen. Er hatte die Bier- und Schnapskneipen besucht, dort mit den Leuten gebetet und war auch zu ihnen in ihre armseligen Hütten gegangen. Ich weiß, daß sich mehr als eine Familie an diesem Tag bekehrt hat."

Das Erfülltwerden mit dem Geist Gottes war kein Erlebnis, das er selbstsüchtig für sich behielt. Vielmehr war es die Kraft, die in der Nachfolge Jesu ein großes Herz dazu trieb, armselige Fischerleute und hoffnungslose Trinker aufzusuchen, damit sie den lebendigen Herrn als ihren persönlichen Heiland kennenlernten. Wenige Prediger und Lehrer des Wortes haben klarer und überzeugender von der Krise des geistlichen Lebens gesprochen als Dr. Gordon. Lassen wir ihn selbst sprechen:

„Dann empfingen Sie die Taufe des Heiligen Geistes, nicht wahr? wird mancher fragen. Nun, wir wollen lieber keinen Ausdruck gebrauchen, der nicht streng biblisch ist. Die große Verheißung ‚Ihr sollt mit dem Heiligen Geist getauft werden' (Apg. 1,5) hatte sich am Pfingsttage erfüllt, und zwar nach unserer Meinung ein für allemal. Damals wurde der Tröster für alle Zeiten geschenkt, und die ganze gegenwärtige und zukünftige Gemeinde wurde in die göttliche Zeitordnung des Heiligen Geistes eingefügt, wie geschrieben steht: ‚Denn wir sind durch einen Geist alle zu einem Leibe getauft' (1. Kor. 12,13). Aber daß Gott gibt, ist nur die eine Seite; die andere ist die, daß wir Seine Gabe annehmen. ‚Also hat Gott die

Welt geliebt, daß er seinen eingeborenen Sohn gab', ist das Wort unseres Herrn an Nikodemus. Aber es steht auch geschrieben: ‚So viele ihn aber aufnahmen, denen gab er Macht, Gottes Kinder zu werden.' Um zur Wiedergeburt und Gotteskindschaft zu kommen, ist es für uns ebenso wichtig, zu nehmen, wie für Gott, zu geben. So wurde am Tage von Pfingsten der Heilige Geist der Gemeinde als der Tröster, Fürsprecher und Helfer, als der Lehrer und Führer gegeben. Die Jünger, die – wie man gemeinhin glaubt – vorher durch den Geist wiedergeboren worden waren, empfingen nun den Heiligen Geist, damit sie für den Dienst befähigt und bevollmächtigt würden. Es war eine andere und höhere Erfahrung als die, die sie bisher gemacht hatten. Es ist ein Unterschied zwischen dem Heiligen Geist, den wir bei der Bekehrung empfangen, und dem Heiligen Geist, der zum Dienst geschenkt wird. Sogar Jesus, gezeugt vom Heiligen Geist und daher der ‚Sohn Gottes' genannt, begann Seine öffentliche Tätigkeit nicht eher, als bis Er mit demselben Geist ‚gesalbt' oder ‚versiegelt' wurde, durch den Er gezeugt worden war. So geschah es auch bei den Aposteln; so auch bei Paulus, der sich auf dem Weg nach Damaskus bekehrt hatte. So bei den anderen, die in der Apostelgeschichte erwähnt werden: den Christen in Samarien und den Jüngern in Ephesus (Apg. 19,1-8). Und nicht wenige Schriftforscher, die sich Gedanken darüber machten, vertreten die Ansicht, daß dieselbe Ordnung immer noch gilt, daß es also so etwas gibt wie den Empfang des Heiligen Geistes für einen besonderen Dienst. Ohne Frage empfangen viele diese Segnung unmittelbar bei ihrer Bekehrung; sie braucht nicht notwendigerweise davon getrennt zu sein. Nur muß ich darauf hinweisen, daß in der Schrift immer wieder beides deutlich erwähnt wird: daß der Vater den Geist gab und die Jünger Ihn empfingen.

Gott möge es verhüten, daß wir den Anspruch erheben, eine höhere Erkenntnis zu haben als jeder andere Christ. Wir müssen einfach auf Grund der Heiligen

Schrift versuchen, die Frage der Taufe mit dem Heiligen Geist zu beantworten. Aufs Ganze gesehen und nach eingehendem Studium der Heiligen Schrift können wir uns folgender Überzeugung nicht verschließen: So wie Christus, die zweite Person der Dreieinigkeit, auf die Erde kam, um unsere Sünde zu sühnen und uns das ewige Leben zu schenken, und so wie wir Sünder Ihn im Glauben annehmen müssen, um Vergebung und Gotteskindschaft zu erlangen, – so kam der Heilige Geist, die dritte Person der Dreieinigkeit, auf die Erde, um uns die Kraft aus der Höhe zu bringen. Und wir müssen Ihn als Gläubige ebenso im Glauben empfangen, um für den Dienst befähigt zu werden. Beide Gaben sind uns geschenkt worden. Aber nicht das ist unser geistlicher Reichtum, daß wir sie haben, sondern daß wir durch den Glauben wissen, daß wir sie haben. Warum sollten wir uns dann mit der ‚Vergebung der Sünden nach dem Reichtum seiner Gnade' (Eph. 1,7) begnügen, wenn der Herr uns auch geben will ‚Kraft nach dem Reichtum seiner Herrlichkeit, stark zu werden durch seinen Geist an dem inwendigen Menschen' (Eph. 3,16)?"

In seiner meisterhaften Ausdrucksweise gab Dr. Gordon dafür eine sehr treffende Illustration:

„Unmittelbar vor dem Fenster meines Studierzimmers, in dem ich schreibe, führt eine Straße vorbei, über die eine Stromleitung gespannt ist. Durch diese fließt ständig ein starker elektrischer Strom. Ich kann diesen Strom nicht sehen: Er macht sich in keiner Weise bemerkbar, so daß man ihn etwa hören oder sehen oder fühlen oder schmecken könnte. Nach dem Zeugnis meiner Sinne müßte ich also vernunftmäßig seine Existenz ableugnen. Aber ich sehe, wie von der Straßenbahn ein schlanker Arm, Kontaktrolle genannt, hinaufreicht und die Stromleitung berührt. Und plötzlich bewegt sich der Wagen mit seiner schweren Personenlast auf den Gleisen, als ob er von einem mächtigen Riesen ergriffen worden wäre. Die Kraft war schon vorher dagewesen, nur macht sie sich der Wagen jetzt zunutze, oder besser gesagt: Er wird durch die Berührung von ihr erfaßt und in Bewegung gesetzt. Kann man es da als vermessen oder überheblich bezeichnen, wenn jemand sagt, er wüßte von einem ähnlichen Kontakt, nicht nur mit einer göttlichen Kraft, sondern mit einer göttlichen Person?

Die Veränderung, die mit mir vor sich ging, könnte etwa so beschrieben werden: Anstatt dauernd um die Ausgießung einer göttlichen Kraft zu bitten, übergab ich mich nun völlig einem göttlichen und allgegenwärtigen Wesen. Es wurde mir klar, worin das wahre Geheimnis des Dienstes bestand: Ich durfte den Heiligen Geist nicht dazu gebrauchen, daß ich mein Werk tun konnte, sondern ich mußte mich Ihm so ausliefern, daß Er mich dazu gebrauchen konnte, Sein Werk zu tun."

Die treibende Kraft für die Nachfolge Christi ist in der Tat die Gabe Gottes: der Heilige Geist. Doch kostet diese Gabe unserer menschlichen Natur viel, sogar den Tod des eigenen Ichs.

Dr. Gordon sagte in einer seiner Ansprachen: „Es kostet viel, diese Kraft zu erhalten. Wir müssen uns selbst aufgeben und erniedrigen und all die Dinge Gott ausliefern, die uns am liebsten sind. Es gehört dazu, daß man beharrlich warten und mit starkem Vertrauen glauben kann. Aber wenn wir wirklich in dieser Kraft stehen, werden wir auch merken, daß es uns jetzt leicht fällt, die schwierigsten Dinge zu vollbringen, während es uns früher schwer fiel, auch nur das Einfachste zu tun."

Dr. Gordon fügte hinzu: „Wenn wir in diese Wahrheit erst tiefer eingedrungen sind, werden wir es lernen, weniger um Einzelheiten zu bitten, die für unsere Aufgaben nötig sind, als vielmehr um die Fülle der Kraft. Der Fabrikant ist in der Hauptsache bemüht, sich eine große Menge Wasser für seine Mühlen zu sichern. Ist sie vorhanden, dann weiß er, daß die tausend Achsen und Räder seiner Fabrik in Bewegung gehalten werden, ohne daß er auf jedes einzelne Rädchen besonders achten muß. Ebenso ist es mit den Quellen unserer Kraft. Um sie müssen wir besorgt sein, nicht um die Wirkungen."

Das ist die treibende Kraft, die wir als Jünger Jesu brauchen!

Richard C. Halverson

Das leidenschaftliche Leben

Am Kopf seiner Briefbogen steht einfach nur: „Concern, Inc."* Und darunter zur Erklärung: „Geben Sie voll Vertrauen! Es bleibt nicht in der Sammelbüchse, es fließt weiter!"

Briefkopf und Briefbogen verraten oft etwas von der Persönlichkeit oder dem Charakter des Eigentümers. Und das trifft in diesem Falle bestimmt zu, denn das Interesse für andere, die Sorge um andere ist eine der auffallendsten Charaktereigenschaften Richard C. Halversons. Von den ersten Tagen unserer Bekanntschaft an, als er als Student zum Wheaton College kam, merkte ich, daß sein Herz vor Erbarmen und Mitleid mit den Menschen überfloß, so wie es bei Christus war. Mit den Jahren hat sich dieser Eindruck noch vertieft.

Dick Halverson ist ein großer Mann. Nicht nur groß von Gestalt, er hat auch einen großen Geist und ein großes Herz. Er ist ein Mann mit Idealen, aber kein Phantast. Er ist ein Arbeiter, der restlos tätig ist, aber doch von der Stille tief in scinem Innern lebt. Von heiterem, lebhaftem Temperament, sonnigem Wesen und realistischer Lebensauffassung, ist er wie geboren dazu, Menschen zu führen, zumal er selbst ein bescheidener, demütiger Nachfolger des Guten Hirten ist.

---

* Wörtlich: „Konzern (Unternehmen), A.G."
Das Wort concern hat aber im Englischen auch die Bedeutung von Interesse, Sorge, Teilnahme.

Zwanzig Jahre lang hatte sich Dick nicht um Gott gekümmert. Er war in einer nur dem Namen nach christlichen Familie in Nord-Dakota aufgewachsen; geistliche Dinge hatten nur wenig Eindruck auf ihn gemacht. Er wollte unbedingt einmal ein großer Schauspieler werden. Um dieses Ziel zu erreichen, ging er mit neunzehn Jahren nach Hollywood. Von dieser Zeit sagte er: „Ich geriet nicht tief in die Sünde in gröberem Sinne, doch war ich mit meinem stolzen und selbstsicheren Wesen bestimmt widerspenstig und ungehorsam gegen Gott."

Wir lassen ihn mit seinen eigenen Worten weitererzählen: „Sechs Monate leichtsinnigen Lebens, wirtschaftlicher Schwierigkeiten und beruflicher Enttäuschungen in Los Angeles halfen mir zu der Einsicht, daß der von mir eingeschlagene Weg leicht zur Selbstvernichtung führen konnte. So ging ich eines Tages ganz unvermittelt in die Kirche in der Nähe meiner Wohnung, wo ich sehr herzlich und warm aufgenommen wurde. Dort wurden mir auch bald viele neue Freunde geschenkt. Es waren Menschen, die ganz im Gegensatz zu dem, was ich viele Jahre gekannt hatte, ihr Leben ausschließlich der Kirche widmeten.

Drei Monate nach meinem Eintritt in die Vermont Avenue Presbyterian Church bewarb sich Pastor L. David Cowie um das Predigtamt. Ich hörte ihn mir an zwei Sonntagen an, und es erwachte in mir das tiefe Verlangen, dieses unerklärliche Etwas, das so offensichtlich aus ihm sprach, auch zu besitzen. Ich fragte ihn danach, und die Folge davon war, daß er mich zum Glauben an Christus führte.

Nach meiner Bekehrung erlebte ich drei sehr deutliche Krisen, die auf mein Leben und meinen geistlichen Beruf einen entscheidenden Einfluß hatten. Die erste traf fünf Monate, nachdem ich Christus als meinen Heiland angenommen hatte, ein. Ich hatte keinen Zweifel, daß ich ‚von neuem geboren' worden war, nachdem ich mit Cowie gesprochen hatte. Innerhalb von zwei Wochen war in meinem Leben unbewußt eine radikale Umstellung eingetreten, die ich rückschauend ganz klar erkannte. Meine Pläne und meine Neigungen nahmen eine Wendung um hundertachtzig Grad. Ich war buchstäblich ein neuer Mensch. Sehr schnell begann mich alles das, was mit dem Glauben zusammenhing, zu fesseln, und die Überzeugung wurde immer stärker in mir, daß Gott einen bestimmten Plan für mein Leben hatte. Obwohl ich es mir nicht eingestehen wollte, fühlte ich doch schon, was dieser Plan für Aufgaben in sich schloß: Arbeit in der Mission, Tätigkeit als Evangelist oder Pfarrer."

Die Krise kam auf der ersten Bibelkonferenz, die der junge Halverson besuchte. Er fuhr mit Pastor Cowie und ein paar jungen Leuten aus der Kirche zur Mount-Hermon-Konferenz in der Nähe von San Jose. Während der ersten drei Tage der Konferenz wuchs seine innere Not und Verwirrung ständig, so daß er schließlich seinen Pastor bat, nach Hause zurückkehren zu dürfen. Der kluge Prediger willigte unter der Bedingung ein, daß der Jungbekehrte versuchen sollte, nur noch einen Tag auf der Konferenz zu bleiben. Halverson war damit einverstanden und bereitete sich innerlich darauf vor, die Konferenz am anderen Morgen zu verlassen. Aber Gottes Stunde hatte für ihn geschlagen. Der Redner dieses Abends war der Pioniermissionar in Korea, Dr. George S. McCune.

„Es waren etwa achthundert junge Leute anwesend", erzählte Halverson später, „aber ich hatte das Gefühl, als ob Dr. McCune ganz persönlich zu mir spräche und als ob ich allein zur Entscheidung aufgerufen wäre. Es war ganz klar: Christus wollte, daß ich Ihm mein Leben völlig übergeben sollte. Mir brach buchstäblich der kalte Schweiß aus, als ich das erkannte. In diesem Augenblick schien mir die Übergabe an Christus das Ende alles dessen zu bedeuten, was ich mir jemals erträumt hatte. Es hieß für mich, allen meinen Wünschen den Rücken zu kehren.

Ich verließ an diesem Abend die Versammlung in einer fürchterlichen Verfassung, weil ich mich Christus nicht hatte ausliefern wollen. Jedoch eilte ich von dort in eine Haus-Gebetsversammlung, wo mir Gott auf ungewöhnliche Weise begegnete. Ich übergab mich Ihm so völlig, wie es mir möglich war, und erlebte tatsächlich den tiefsten Frieden und das größte Glück, das ich jemals kennengelernt hatte.

Dieses Erlebnis völliger Übergabe an Christus und die Freude, die daraufhin mein Leben erfüllte, war viel umwälzender als meine Bekehrung. Als ich nach Los Angeles zurückkehrte, merkten meine Freunde in der Kirche die große Veränderung in meinem Leben.

Nach diesem Erlebnis ist der Heilige Geist immer eine Wirklichkeit für mich geblieben. Ich erinnere mich nicht, daß mich in dieser Zeit irgend jemand über diese Fragen besonders unterrichtete, auch habe ich bestimmt kein besonderes Erlebnis gesucht, um die Fülle des Heiligen Geistes zu empfangen. Trotzdem ist mir von jenem Abend an bis heute die Person, die Arbeit und Herrschaft des Heiligen Geistes immer sehr kostbar und wichtig gewesen."

Pastor Cowie hatte während seiner Studienzeit am Wheaton College durch den verstorbenen Dr. Orien Edward Tiffany, den Leiter der Division of Social Sciences (Abteilung für Sozialwissenschaften), tiefgründige Belehrungen über den Heiligen Geist empfangen. Da er seinem Freund auch das Vorrecht einer solchen Unterweisung wünschte, drängte er Halverson, sich um die Zulassung in Wheaton zu bemühen. So ließ sich Dick, nachdem er die ersten zwei Jahre in Los Angeles studiert hatte, im Herbst 1937 in Wheaton einschreiben. Es war mir eine Freude, ihm bei der Aufstellung seines Vorleseplanes helfen zu können, damit er allen Anforderungen gerecht werden und innerhalb zweier Jahre die Abschlußprüfungen machen konnte. Zu diesem Zweck studierte er als Hauptfach Betriebswirtschaftslehre und daneben Griechisch als Fremdsprache, um für das Predigerseminar vorbereitet zu sein.

Als er die Studienzeit am Seminar beendet hatte, wurde Dick als Hilfsprediger an die Linwood Presbyterian Church in Kansas City gerufen, wo Dr. Cowie gerade Pastor war. Später rief man ihn an die First Presbyterian Church in Coalinga, Kalifornien, wo er drei Jahre lang Dienst tat. In seinem ersten regulären Pastorat hatte er das zweite tiefgreifende Erlebnis mit dem Heiligen Geist. Wir wollen ihn selbst darüber erzählen lassen.

„Nachdem ich zwei Jahre in Coalinga gewesen war, geriet ich eine Zeitlang in einen Zustand der Enttäuschung, der sich so zuspitzte, daß ich das Gefühl hatte, ich müßte meine Stellung aufgeben, wenn nicht irgend etwas geschah, was eine Änderung brachte. Nach zwei Wochen völliger Verlassenheit und innerer Kämpfe, die von dem Gefühl begleitet waren, daß Gott mich für einen nützlichen Dienst nicht mehr gebrauchen konnte, trat die Änderung ein. Und zwar dann, als ich schließlich dem Herrn sagte, ich wolle Ihm bis ans Ende meines Lebens dienen, ganz gleich, ob daraus Frucht und Segen erwachse oder ob Er mich im Himmel annehme oder nicht. Ich war auch bereit, mich für den Rest meines Lebens in Coalinga ‚begraben' zu lassen oder irgendwo anders im Verborgenen dem Herrn zu dienen. Das war eine schreckliche Aussicht für mich, denn ich war sehr ehrgeizig geworden. Als ich mich zu diesem Entschluß durchgerungen hatte, bekam ich eine völlig neue Lebenszuversicht.

Einen Monat später nahm eine Gruppe unserer Sonntagsschullehrer an einer Rüstzeit der Forest-Home-Bibelkonferenz in der Gegend von San Bernardino in Südkalifornien teil, und ich begleitete sie dorthin. Am zweiten Tage der Konferenz saßen wir abends nach der Versammlung noch bei Tisch zusammen und gingen dann gemeinsam zur Gebetsstunde. Danach wollte ich mich auf mein Zimmer zurückziehen.

Mein Weg führte an dem Zimmer von Miss Henrietta Mears vorbei, und es zog mich wie unter einem seltsamen Zwang, dort hineinzugehen und zu beten. Als ich mich der Tür näherte, merkte ich, daß einige Leute in dem dunklen Raum waren und beteten. Da ich sie nicht stören wollte, wartete ich wohl zehn oder fünfzehn Minuten draußen vor der Tür, bis mir das Unsinnige meines Tuns zum Bewußtsein kam. Ich sagte mir, daß es doch vernünftiger wäre, mich mit ihnen im Gebet zu vereinigen, ganz gleich, wer sie wären. So öffnete ich die Tür, ging durch den dunklen Raum und kniete vor einem Stuhl nieder, der, wie ich erkennen konnte, leer war.

Es trat eine ziemlich lange Stille ein, und ich merkte, daß man darauf wartete, daß ich zu beten anfing. Ich tat es schließlich, andere schlossen sich an, und Gott kam zu uns in dieses Zimmer. Es gab keine ungewöhnlichen Gefühlsausbrüche oder besonders erschütternde Erlebnisse, aber Gott war so gegenwärtig unter uns, wie es noch niemand von uns erlebt hatte. Man weinte und lachte, unterhielt sich und schmiedete Pläne. Das auffallendste Kennzeichen dieser Gebetsversammlung war die Tatsache, daß sich eine Verantwortung für die Welt auf unsere Herzen legte und wir eine tiefe Einsicht in das Weltgeschehen bekamen, die bis heute vorhanden ist. Im Laufe der Jahre hat sich das, was wir an jenem Abend im Geist vorausschauten, in vielen Punkten bis in Einzelheiten erfüllt; und es ist frisch und lebendig in uns geblieben.

Mitten in der Nacht ging ich endlich in mein Zimmer, konnte aber nicht schlafen. Ich setzte mich wie unter einem Zwang an die Schreibmaschine und schrieb auf, was später als Gelübde der ‚Bruderschaft des brennenden Herzens' bekannt wurde. Es lautet:

Nachdem ich zum persönlichen Glauben an den Herrn Jesus Christus gekommen bin und mir klar geworden ist, daß wir dem Gebot der Stunde gehorchen und das höchste Vorbild christlicher Jüngerschaft geben müssen, schließe ich mich mit einer Schar junger Menschen zusammen, die bereit sind, sich unter persönlichem Opfer für das Ziel einzusetzen, die Jugend der Welt so schnell wie möglich für Jesus Christus zu gewinnen.

Ich bekenne mich zu dem Grundsatz,

daß christliche Jüngerschaft einzig und allein von Gott durch Seinen Geist getragen wird und daß das Bleiben in Christus nach Johannes 15 der Weg Gottes ist, mir die Kraft zu solcher Jüngerschaft zu geben. Daher gelobe ich, ein frommes Leben zu führen und durch Gebet, Bibelstudium und andächtiges Lesen mindestens eine Stunde am Tage Gott zu schenken (Psalm 1).

Ich bekenne mich zu dem Grundsatz,
daß christliche Jüngerschaft einen christlichen Charakter voraussetzt. Deshalb verpflichte ich mich, ein frommes Leben zu führen und durch Selbstverleugnung und Selbstdisziplin den in Christus verkörperten Tugenden, insbesondere der Keuschheit, nachzujagen, damit Christus dadurch verherrlicht werde (Phil. 1,20.21).

Ich bekenne mich zu dem Grundsatz,
daß christliche Jüngerschaft sich besonders darin übt, das Verlorene für Christus zu gewinnen. Deshalb verpflichte ich mich, jede nur mögliche Gelegenheit wahrzunehmen, um von Ihm zu zeugen, und jederzeit darauf bedacht zu sein, irgend jemanden für Christus zu gewinnen (Matth. 28,19; Apg. 1,8).

Ich bekenne mich zu dem Grundsatz,
daß christliche Jüngerschaft nichts weniger bedeutet als absolute Hingabe an Jesus Christus. Daher gebe ich meinen Leib Gott völlig zum lebendigen Opfer. Durch diese Verpflichtung möchte ich, daß der vollkommene Gotteswille in meinem Leben ganz zur Auswirkung kommt. Ich opfere mich selbst mit ganzem Ernst, damit mich Jesus Christus gebrauchen kann (Röm. 12,1.2; Phil. 3,7-14).

Gott helfe mir, dieses Gelübde zu erfüllen!"

Noch etwas wurde Dick Halverson in jener Nacht klar. Er spürte, daß er sein Predigtamt in Coalinga aufgeben und Gottes weiteren Weisungen folgen müßte. Welches der nächste Schritt sein würde, wußte er nicht. Am folgenden Morgen teilte er der Gruppe die Verpflichtungen, die er niedergeschrieben hatte, mit und auch seinen Entschluß, von Coalinga fortzugehen. „Stellt euch mein Erstaunen vor", sagte er, „als ich erfuhr, daß sie die ganze Nacht hindurch um diese Führung gebetet hatten!"

Alle Anwesenden erkannten die Verpflichtungen an und gelobten, sie zu halten. Einige gingen noch an demselben Abend an verschiedene Stellen und erzählten, wie die „Bruderschaft des brennenden Herzens" entstanden war und unter welchen Bedingungen man ihr beitreten konnte. Überall geschah dies mit ungewöhnlichem Segen durch den Heiligen Geist.

Mit dieser tiefen Gotteserfahrung in seinem Leben kehrte Halverson nach Coalinga zurück und reichte der Kirche sein Rücktrittsgesuch ein. Das war im Juni 1947. Der Rücktritt wurde im darauffolgenden Oktober wirksam. In der Zwischenzeit war Halverson von dem Pastor der Ersten Presbyterianischen Kirche in Hollywood, Dr. Lous D. Evans, eingeladen worden, die Stelle des ersten Geistlichen an jener Kirche, der größten Presbyterianischen Kirche in den Vereinigten Staaten, zu übernehmen. Nach vielem Beten und nachdem er die Einladung mehrere Male abgelehnt hatte, entschloß er sich, für ein Jahr zur Probe nach Hollywood zu gehen. Der Heilige Geist bekannte sich zu dieser Wahl und ließ ihn bis vor kurzem dort bleiben.

Während dieser Zeit in Hollywood wurde „Concern, inc." ins Leben gerufen und das in aufrüttelndem Ton gehaltene kleine Blatt „Perspektive" an die Geschäftsleute auf den Weg geschickt, um sie mit der Wahrheit des Evangeliums bekanntzumachen.

Das dritte besondere Erlebnis mit Gott hatte Halverson am Ende seines ersten Jahres an der Kirche in Hollywood. Als sich eines Sonntags nach dem Abendgottesdienst noch einige Gläubige in einer Familie zum Gebet zusammenfanden, kamen alle Anwesenden zu der festen Überzeugung, daß eine Gruppe von ihnen im kommenden Herbst nach China gehen sollte, und zwar dann, wenn die Missionare Bill und Betty Blackstone, die gerade auf Urlaub da waren, wieder nach China zurückgekehrt waren und dort eine Evangelisation unter den Studenten vorbereitet hatten. Dick erzählt: „Wir beteten gemeinsam für diese Sache, und als die Blackstones wieder in China waren, beteten wir weiter und blieben im Briefwechsel mit ihnen. Das Ergebnis war, daß ich im November 1948 allein nach China ging. Alle anderen waren verhindert. Gott segnete diese Mission, und viele fanden während einer äußerst kriegerischen Zeit in diesem Lande Christus, besonders auch Studenten.

Eines Morgens waren wir gegen vier Uhr zum Gebet aufgestanden. Während einer der Missionare betete, kam mir der Gedanke, Gott wollte, ich solle mein ganzes Leben in China bleiben und nicht in die Staaten zurückkehren. Ich schob diesen Gedanken zuerst beiseite, aber er erhielt sich hartnäckig und wurde so stark, ja erschrekkend, daß ich in meinem Zimmer blieb, nachdem die anderen zum Frühstück hinuntergegangen waren. Ich blieb dort, bis um die Mittagszeit die Angelegenheit für mich entschieden war. Ich versprach dem Herrn, ich würde mein Leben mit Freuden in China verbringen, und war völlig davon überzeugt, daß dieses Opfer von mir verlangt würde.

Durch dieses Erlebnis und alle anderen Erfahrungen im Herbst und Winter in China trat noch einmal eine radikale Änderung in meiner geistlichen Arbeit ein. Als ich zu meiner Kirche und den jungen Leuten in Hollywood zurückkehrte, machte Gott es mir klar, daß ich dort an der richtigen Stelle war; aber meine Einstellung zum Leben hatte sich in jeder Beziehung geändert. Ich war ganz und gar bereit, alles zu sein, alles zu tun, alles zu sagen, was Gott wünschte, und überall hinzugehen, wohin Er wollte, denn mein Leben war völlig und unwiderruflich Ihm geweiht. In einem sehr realen Sinne erlebte ich, was Paulus in Philipper 1,21 meint: ‚Christus ist mein Leben, und Sterben ist mein Gewinn'."

Siebeneinhalb glückliche Jahre in dieser gänzlich

neuen Art des Dienstes waren ihm an der Kirche in Hollywood vergönnt. Im Mai 1956 wurde er als Direktor der ‚Internationalen Christlichen Führerschaft' nach Washington berufen. Für Richard Halverson ist das Leben nun anders, ganz und gar neu und sinnvoll geworden, weil sein altes Ich-Leben gegen das neue Leben in Christus ausgetauscht worden ist.

John Hyde

Das triumphierende Leben

John Hyde zerknüllte den Brief und warf ihn zornig auf das Deck. Über das, was darin stand, konnte er nach seiner Meinung mit vollem Recht ärgerlich sein. Er war doch Missionar und auf dem Wege von Amerika nach Indien! Und war nicht sein Vater ein bedeutender Geistlicher? War er selbst nicht ein Kind aus einem presbyterianischen Pfarrhaus, hatte er nicht auf einem christlichen College studiert und ein Predigerseminar besucht? Wer hatte das Recht, ihm zu sagen, daß er für einen fruchtbaren Dienst draußen die Fülle des Heiligen Geistes brauchte? Glaubte dieser Freund, daß er die Kraft des Heiligen Geistes nicht empfangen hätte, oder dachte er, er würde ohne göttliche Ausrüstung nach Indien gehen?

Aber nach und nach gewann eine bessere Einsicht die Oberhand. Er hob den Brief auf und las ihn noch einmal. Möglicherweise brauchte er doch etwas, was er noch nicht hatte.

Es wird uns berichtet, daß er wegen dieses Briefes und der darin enthaltenen Frage den Rest der Reise mit viel Gebet zubrachte. Er betete darum, daß er vom Geist erfüllt werden und wirklich erleben und erkennen möchte, was Jesus mit den Worten gemeint hatte: „... ihr werdet die Kraft des Heiligen Geistes empfangen, welcher auf euch kommen wird, und werdet meine Zeugen sein zu Jerusalem und in ganz Judäa und Samarien und bis an das Ende der Erde."

Wie der Herr das Flehen seines Herzens während der

langen Reise nach Indien beantwortet hat, darüber hat uns Hyde nichts berichtet. Aber die Wirkungen, die der Heilige Geist in seinem Leben in Indien hervorgebracht hat, geben ausreichend Zeugnis davon, daß er erhört worden ist.

Die ersten zwölf Jahre in Indien waren zum großen Teil „verborgene Jahre" mit langen Perioden intensiven Sprach- und Bibelstudiums. Obwohl Hyde oft von tropischen Krankheiten geplagt wurde, machte er doch viele seelsorgerliche Besuche in den Dörfern seines Bezirks. Er war ein treuer Unter-Hirte, der für den Guten Hirten das Verlorene suchte. In diesem Dienst lernte er immer mehr und besser, erhörlich für die Ungeretteten und Gleichgültigen zu beten.

Doch die verhältnismäßig geringe Frucht während dieser Jahre trieb ihn mit anderen Gleichgesinnten dazu, intensiver ins Gebet zu gehen und die Grenzen des Glaubens weiter zu stecken. Im Jahre 1904 gründete eine Gruppe von Missionaren, durch Hydes Gebetsleben angeregt, die Punjab-Gebetsvereinigung. Wer Mitglied werden wollte, mußte sich schriftlich zu folgenden fünf einfachen, aber sehr ernsten und wichtigen Fragen bekennen und sie bejahen:

1. Willst du für die Neubelebung in deinem eigenen Leben, im Leben deiner Mitarbeiter und in der Kirche beten?

2. Sehnst du dich nach vermehrter Kraft des Heiligen Geistes in deinem eigenen Leben und deiner Arbeit, und bist du davon überzeugt, daß du ohne diese Kraft nicht weiterkommen kannst?

3. Willst du darum beten, daß du dich des Herrn Jesus nicht schämen willst?

4. Glaubst du, daß das Gebet die große Kraftquelle ist, durch die diese geistliche Erweckung zustande kommt?

5. Willst du täglich eine halbe Stunde nach dem Mittagessen um diese Erweckung beten, und willst du es so lange tun, bis diese Erweckung kommt?

Es ist schwer abzuschätzen, wie sich das vom Heiligen Geist erfüllte Gebetsleben Hydes auf seinen Dienst auswirkte und welche Ergebnisse es zeitigte. Sein ganzes Wesen war von größter Einfachheit und Aufrichtigkeit. Er war dem Heiligen Geist völlig und blindlings gehorsam. Gelegentlich einer Konferenz, bei der er als Redner vorgesehen war, erschien er erst, als man schon einige Lieder gesungen hatte. Nachdem er nach indischer Sitte einige Zeit schweigend dagesessen hatte, erhob er sich und sagte:

„Brüder, ich habe die ganze Nacht nicht geschlafen und habe heute auch noch nichts gegessen. Ich habe eine Auseinandersetzung mit Gott gehabt. Als ich spürte, daß Er mich mahnte, euch in dieser Versammlung zu sagen, was Er für mich getan hat, habe ich Ihn davon überzeugen wollen, daß ich das lieber nicht tun sollte. Erst vor einer kleinen Weile bin ich still darüber geworden und habe mich bereit erklärt, Ihm zu gehorchen."

Nachdem er sein Herz ausgeschüttet und bezeugt hatte, was Gott für ihn und in ihm getan hatte, sagte er: „Laßt uns miteinander beten." Einer, der bei diesem Gottesdienst anwesend war, berichtete später: „Ich erinnere mich, wie sich die kleine Schar nach orientalischer Sitte auf den Matten aufs Gesicht warf und wie sich dann ununterbrochen – wie lange es dauerte, weiß ich nicht – einer nach dem anderen erhob, um zu beten. Es kam zu Sündenbekenntnissen, wie sie die meisten von uns noch nie gehört hatten, zu einem Schreien um Gnade und Erbarmen."

Bei einer anderen Gelegenheit konnte Hyde den Zuhörern, die eine besondere Botschaft über den Heiligen Geist erwarteten, nur sagen: „Ich danke Gott, Er hat mir heute keine Botschaft für euch gegeben." Darauf fügte der Vorsitzende hinzu: „Der Heilige Geist selbst ist der Leiter dieser Versammlung."

Als die Leute, vom Heiligen Geist bewegt, zu sprechen begannen, herrschte Freiheit, aber keine Zügellosigkeit.

Wie eine Flutwelle kam das Bewußtsein ihrer Sünden über die Menschen. Viele gerieten in große seelische Not und Qual und auch in heftige körperliche Spannungen, als sich die Gegenwart Gottes auf die Versammlung legte. Männer und Frauen vergaßen alle anderen um sich her, als Gottes Heiligkeit wie ein Scheinwerfer in ihr Leben hineinleuchtete. Einige bekannten Sünden, die in ihrem Herzen brannten, andere zitterten am ganzen Leibe, als sie sich erhoben und ihre verborgenen Sünden ans Tageslicht brachten." Dann war es, als ob „die Sonne kam und den Ort überflutete. Die Freude stand auf vielen Gesichtern ..." Die Frucht des Geistes ist Freude.

Durch die Fülle des Heiligen Geistes wurde John Hyde zu einem Gebetsstreiter, einem Wächter auf Zions Mauern, wie er in Jesaja 62,6.7 beschrieben wird: „O Jerusalem, ich will Wächter auf deinen Mauern bestellen, die den ganzen Tag und die ganze Nacht nimmer stillschweigen sollen und die des Herrn gedenken sollen, auf daß bei euch kein Schweigen sei und ihr von ihm nicht schweigt, bis daß Jerusalem zugerichtet und gesetzt werde zum Lobe auf Erden."

Hyde war gleichzeitig auch ein unermüdlicher Zeuge für seinen Heiland. Einmal bekam er im Gebet die Zusage, daß wenigstens eine Seele an jedem Tag des Jahres 1908 zum Herrn kommen würde, und tatsächlich bekehrten sich mehr als vierhundert in jenem Jahr. Im folgenden Jahr legte der Herr täglich zwei Seelen auf sein Herz, und auch dieses Gebet wurde voll erhört. Im folgenden Jahre wuchs sein Glaube so, daß er um die Bekehrung von täglich vier Menschen beten konnte.

Auf einer Fahrt zu einem entfernt liegenden, winzigen Dorf bekam Hyde die Überzeugung, daß zehn Seelen für den Herrn gewonnen werden würden. Unterwegs veranlaßte er den mitfahrenden eingeborenen Evangelisten, die Ochsenkarren vor einer Hütte anzuhalten und die Bewohner um Wasser zu bitten. Hyde nahm die Gelegenheit wahr und verkündete ihnen die Frohe Botschaft.

Während er noch mit der Familie redete, drängte der eingeborene Mitarbeiter zur Weiterfahrt. Hyde ließ sich jedoch nicht stören und lud die Menschen ernstlich ein, zum Heiland zu kommen. Am späten Nachmittag hatten alle neun Mitglieder der Familie Christus angenommen.

Als sein Mitarbeiter nun darauf bestand, daß sie weiterfuhren, fragte Hyde: „Aber wo ist der zehnte?" Da holte der Familienvater, der gerade selbst Christ geworden war, noch einen Neffen herbei, der draußen vor dem Hause gespielt hatte. Und schließlich waren alle zehn in der Herde des Guten Hirten.

Auf seinem Weg in die Heimat im Jahre 1911 machte der Missionar, unter Schmerzen und in großer Schwachheit, in Großbritannien halt, um einige Mitarbeiter zu besuchen, die in Indien gewesen waren. Dort erfuhr er, daß der amerikanische Evangelist Dr. J. Wilbur Chapman und der Sangesleiter Charles M. Alexander Versammlungen in einem Ort abhielten, der für seinen geistlich harten, fast unzugänglichen Boden bekannt war. Hyde fuhr nach Shrewsbury, um die Last des Gebets auf sich zu nehmen. Darüber schrieb Dr. Chapman folgendes:

„Bei einer unserer Evangelisationsversammlungen in England war die Zuhörerschaft außerordentlich klein, ein Erfolg schien unmöglich, aber ich erhielt einen Zettel mit der Mitteilung, daß ein amerikanischer Missionar in die Stadt käme und Gottes Segen über unsere Arbeit herabflehen würde. Er war als ‚der betende Hyde' bekannt.

Fast unmittelbar danach trat die Wende ein. Die Halle wurde gedrängt voll, und auf meine erste Einladung hin kamen fünfzig Menschen zu Jesus. Als wir den Ort verließen, bat ich Mr. Hyde, für mich zu beten. Er kam in mein Zimmer, schloß die Tür von innen ab, fiel auf seine Knie und wartete fünf Minuten, ohne daß eine einzige Silbe über seine Lippen kam. Ich konnte mein eigenes Herz schlagen und hämmern hören. Mir liefen die heißen Tränen über die Wangen. Ich wußte, ich war in der Gegenwart Gottes. Dann sagte er mit erhobenem, tränenüberströmtem Gesicht: ‚O Gott!'

Darauf war er wieder mindestens fünf Minuten still. Endlich, als er wußte, daß Gott ihn hörte, legte er seinen Arm um meine Schulter. Da stieg aus der Tiefe seines Herzens ein Bitten für die Menschen empor, wie ich es niemals vorher gehört hatte. Ich erhob mich und wußte, was wirkliches Beten war ..."

Das ist ein kleiner Teil der Geschichte von John Hyde, der „der betende Hyde" wurde, der Mann, der vom Heiligen Geist gesalbt war, zu beten.

Dwight Lyman Moody

Das dynamische Leben

Hat es jemals einen begeisterteren, kühneren und eifrigeren Seelengewinner gegeben als Dwight L. Moody?

Sobald der junge Schuhverkäufer in Boston zur Gewißheit des Glaubens an den Heiland gekommen war, versuchte er andere zum Herrn zu führen. Er hatte eine einfache Erziehung genossen, aber das hinderte ihn nicht, mit großem Ernst den Landstreichern und Gottlosen nachzugehen, damit sie auch die göttliche Vergebung und das neue Leben in Christus kennenlernten. Er war Laie in der Arbeit für den Herrn, ein Zeuge Jesu, der ganz persönlich an seinem Arbeitsplatz und überall da wirkte, wo es seine Geschäftsverbindungen gestatteten.

Bei Tag und Nacht war er unermüdlich tätig und förderte besonders die Sonntagsschularbeit unter Armen und Notleidenden. In der fürchterlichen Zeit des Krieges zwischen den Staaten missionierte er unter den Soldaten und Kriegsgefangenen und half der ‚Christian Commission' bei ihrem Dienst der Nächstenliebe an den Verwundeten und Sterbenden.

In seinem Beruf als Evangelist, in den ihn die göttliche Vorsehung führte, konnte er viele Menschen in Amerika und Großbritannien erreichen und ihnen sagen, was Christus von ihnen forderte. In diesen ersten Jahren war er wie ein Dynamo: Er entfaltete eine fieberhafte Aktivität und hatte auch offensichtlich Erfolg. Doch tief in seinem Herzen war eine Unzufriedenheit, die sich bis zur Verzweiflung steigerte. Und wie so oft, benutzte Gott einen Mann aus niedrigem Stande, um Moody an die Grenzen seiner menschlichen Kraft zu führen und ihn dann den ganzen Reichtum der göttlichen Macht und Herrlichkeit erkennen zu lassen. Dieser ältere Mann, dessen Name in der Geschichte nicht aufgezeichnet ist, war der erste, der den angehenden Evangelisten darauf hinwies, daß ihm in seinem Dienst die Fülle des Heiligen Geistes fehlte. Das geschah in New York, als Moody einmal von Boston dorthin gekommen war, um zu predigen. In New York bekam er eine Einladung, in einer kleinen Sonntagsschule zu sprechen. Moody sagte später, daß dieses Erlebnis wahrscheinlich einen größeren Einfluß auf sein Leben hatte als irgendein anderes. Als er in den Zweispänner gestiegen war, um von der Sonntagsschule wieder zu einem anderen Dienst zu fahren, faßte ihn ein weißhaariger, alter Mann an der Schulter, deutete mit dem Zeigefinger auf ihn und sagte: „Junger Mann, wenn Sie wieder einmal sprechen, dann geben Sie dem Heiligen Geist die Ehre." „Ich kletterte in den Wagen und fuhr davon", erzählte Moody. „Dauernd klangen mir die Worte in den Ohren; aber ich verstand sie nicht. Erst sechs Monate später enthüllte mir Gott den Sinn jener Botschaft: daß ich völlig abhängig war vom Heiligen Geist. Von diesem Tage an stand ich selten vor einer größeren Zuhörerschaft, ohne daß ich im Geiste jenen alten Mann mit dem ausgestreckten Zeigefinger vor mir sah und ihn sagen hörte: ‚Geben Sie dem Heiligen Geist die Ehre!'"

In Chicago lebten zwei fromme Frauen, Mrs. Sarah A. Cooke und ihre Freundin Mrs. Hawxhurst, die Moodys Versammlungen in Farwell Hall besuchten und auf deren Herzen es sich wie eine große Last legte, daß dieser fromme Gottesmann mit dem Heiligen Geist erfüllt werden möchte. Bei mehr als einer Gelegenheit spielte Moody auf sie an, so auch einmal in einer Versammlung in Glasgow:

„Ich erinnere mich an zwei fromme Frauen, die vor fast zwölf Jahren in meine Versammlungen zu kommen pflegten. Ich war immer froh, wenn ich sie dort sah, denn ich konnte bei der Predigt an ihren Gesichtern ablesen, daß sie für mich beteten. Am Schluß der Sonntagsabendversammlung pflegten sie zu mir zu sagen: ‚Wir haben für Sie gebetet.' Ich sagte: ‚Warum beten Sie nicht für die anderen Menschen?' Sie antworteten: ‚Sie brauchen Kraft.' Ich brauchte Kraft, sagte ich mir, nun ja, ich dachte, ich hätte Kraft. – Ich hatte eine große Sonntagsschule und die größte Gemeinde in Chicago. Es bekehrten sich damals auch einige, und ich war in gewissem Sinne damit zufrieden. Aber diese beiden Frauen beteten immer weiter für mich, und ihr erstes Gespräch über ‚die Salbung zu besonderem Dienst' brachte mich zum Nachdenken. Ich bat sie deshalb, zu mir zu kommen und mit mir darüber zu sprechen. Wir knieten zusammen nieder. Sie flehten Gott um die Salbung des Heiligen Geistes für mich an. Und da kam ein großer Hunger in meine Seele. Ich wußte nicht, was es war. Ich begann zu flehen wie nie zuvor. Der Hunger wuchs. Ich wollte buchstäblich nicht länger leben, wenn ich nicht diese Kraft für den Dienst bekommen konnte. Ich flehte immer weiter, daß Gott mich mit dem Heiligen Geist erfüllen möchte."

Dann kam die große Chicagoer Feuersbrunst. Am Abend vor jener denkwürdigen Nacht im Jahre 1871, als ein Drittel der Stadt in Asche gelegt wurde und Tausende obdachlos wurden, hatte Moody in Farwell Hall gepredigt. Da alles, was er aufgebaut hatte, zerstört worden war, ging Moody nach dem Osten, um Spenden zu sammeln, aber er sagte:

„Ich war nicht mit dem Herzen dabei. Ich konnte nicht betteln. Ich schrie ständig zu Gott, Er möchte mich mit Seinem Heiligen Geist erfüllen. Da, eines Tages, geschah es in der City von New York – o welch ein Tag! Ich kann es kaum beschreiben, und ich spreche selten darüber. Es ist fast zu heilig, um darüber zu sprechen. Paulus hatte ein Erlebnis, von dem er vierzehn Jahre lang nicht sprach. Ich kann nur sagen, daß Gott selbst sich mir offenbarte und daß ich Seine Liebe so stark erlebte, daß ich Ihn bitten mußte, Seine Hand wieder von mir zu nehmen.

Ich predigte wieder. Die Predigten waren nicht anders als sonst; ich brachte auch keine neuen Wahrheiten, und doch wurden Hunderte bekehrt. Ich möchte jetzt um keinen Preis der Welt wieder dahin zurückversetzt werden, wo ich vor diesem gesegneten Erlebnis war."

Die Predigten waren nicht anders, der Prediger war es!

Die Wahrheiten waren nicht neu; aber jetzt waren sie schneidend scharf und von durchschlagender Kraft!

Vorher waren ein paar Menschen bekehrt worden; jetzt gab es Bekehrte zu Hunderten! Vorher war der ernste Wille und das unermüdliche Bestreben eines Menschen die treibende Kraft; jetzt war es der Heilige Geist!

Moody wurde durch sein Werk für den Herrn schnell berühmt. Zwei Jahre nach seinem einschneidenden Erlebnis mit dem Heiligen Geist in der Innenstadt von New York – er ging damals gerade durch die Wallstreet, als der Heilige Geist mit besonderer Kraft über ihn kam – fuhren er und Ira Sankey nach England. Von dort kehrte er nach dreijährigem Dienst nach Chicago zurück.

„Es war angekündigt worden", so schrieb Mrs. Cooke, „daß Mr. Moody an einem bestimmten Vormittag in Farwell sprechen würde, und die ganze religiöse Elite der Stadt war gekommen, um ihn zu begrüßen. Die Rednertribüne war dicht besetzt mit Predigern und führenden Persönlichkeiten der christlichen Welt, aber keiner von ihnen hatte wohl ein größeres Interesse an dem Ereignis als die Schreiberin, die mit banger Sorge auf dieses Bild blickte. Sie fürchtete, Moodys erstaunliche Volkstümlichkeit und seine großen Erfolge könnten ihn irgendwie stolz gemacht haben. Mr. Moody sprach mit größerer Salbung als je zuvor, aber gleichzeitig mit kindlicher Einfachheit. Als die Versammlung zu Ende war, fiel uns auf, wie demütig er unter all den anderen Menschen aussah, die ihn beglückwünschten. Es war, als wollte er dem allen gern entrinnen. Sein kindlicher Geist war sein Schild und sein Schutz. Er war wirklich mit Demut angetan!"

Die Art, wie Moody predigte, zeichnete sich immer mehr durch den Geist der Liebe aus. Er sagte selbst dazu:

„Der einzige Weg, wie eine Gemeinde einen Segen empfangen kann, ist der, daß sie alle Meinungsverschiedenheiten, alle Kritik, alle Kälte und Parteilichkeit aufgibt und wie ein Mann zum Herrn kommt. Wenn die Kirche in der Kraft von 1. Kor. 13 lebt, bin ich gewiß, daß täglich viele zu der Herde Gottes hinzugetan werden. Ich wünschte, die Gemeinde würde dieses Kapitel gemeinsam auf den Knien lesen und dabei Gott bitten, sie mit Kraft auszurüsten. In den letzten Jahren war es mein besonders ernstes Gebet, daß Gott mir helfen möchte, mehr Menschen zu retten, und ich kann Ihnen nicht sagen, wie wunderbar Er mein Gebet erhört hat. Es ist mir, als wären Sie mir alle viel vertrauter und lieber als je. Ich habe keinen größeren Wunsch als zu erleben, daß Sie alle immer wieder zu Gott gehen, um sich neu mit Seiner Liebe füllen zu lassen."

Moody hatte in dem, was er über das Erfülltwerden mit dem Heiligen Geist lehrte, gesunde, schriftgemäße Ansichten. In seinen Vorträgen, die er im New Yorker Hippodrom hielt, sagte er: „Ich möchte gern, daß Sie das einmal klar verstehen. Wir glauben fest, daß, wenn jemand durch das Blut gereinigt, durch das Blut erlöst und durch den Heiligen Geist versiegelt worden ist, der Heilige Geist in ihm wohnt. Doch möchte ich Sie darauf aufmerksam machen, daß Gott ziemlich viele Kinder hat, die gerade nur das Leben, aber noch keine Kraft für den Dienst bekommen haben. Ich denke, man kann mit Sicherheit und ohne Übertreibung sagen, daß die meisten erklärten Christen beim Bau des Reiches Gottes auf Erden zu nichts nütze sind. Sie stehen ihm im Gegenteil nur im Wege, weil sie gerade nur das Leben bekommen und sich damit zufriedengegeben haben, ohne sich nach der göttlichen Kraft auszustrecken. Das Erfülltwerden mit der Kraft des Heiligen Geistes geschieht deutlich und ganz getrennt von der Bekehrung. Wenn die Schrift das nicht lehrt, bin ich bereit, mich zu korrigieren.

Laßt uns sehen, was Gott in Seinem Wort sagt: Im dritten Kapitel des Lukasevangeliums können Sie feststellen, daß Christus in den ganzen dreißig Jahren, die Er in Nazareth zubrachte, nur der Sohn Seiner Eltern gewesen ist. Dann aber kommt der Heilige Geist auf Ihn, der Ihn zum Dienst ausrüstet. Er geht zurück nach Nazareth und findet die Stelle, da geschrieben steht: ‚Der Geist des Herrn ist bei mir, darum weil er mich gesalbt hat, zu verkündigen das Evangelium den Armen; er hat mich gesandt, zu predigen den Gefangenen, daß sie los sein sollen, und den Blinden, daß sie sehend werden, und den Zerschlagenen, daß sie frei und ledig sein sollen.' Und drei Jahre lang sehen wir Ihn das Reich Gottes verkündigen, Teufel austreiben, Tote auferwecken, während wir von den dreißig Jahren in Nazareth nichts von Ihm hörten. Dort war Er die ganze Zeit der Sohn, jetzt aber ist Er zum Dienst gesalbt. Wenn nun der Sohn Gottes gesalbt werden mußte, brauchten dann Seine Jünger nicht auch die Salbung? Und sollten wir sie nicht auch suchen?

In Johannes 7, Vers 38.39 sagt Jesus: ‚Wer an mich glaubt, wie die Schrift sagt, von des Leibe werden Ströme lebendigen Wassers fließen. Das sagte er aber von dem Geist, welchen empfangen sollten, die an ihn glaubten; denn der Geist war noch nicht da, denn Jesus war noch nicht verherrlicht.' Wollen Sie jetzt etwa behaupten, daß Petrus und Johannes und Jakobus und die übrigen Jünger zu jener Zeit nicht bekehrt gewesen seien? Waren sie drei Jahre mit dem Sohn Gottes zusammen gewesen und nicht aus dem Geist geboren? War Nikodemus nicht aus dem Geist geboren, und gab es nicht auch Menschen vor ihnen, die bekehrt gewesen sind? Gewiß, aber sie waren Heilige ohne Kraft und mußten in Jerusalem bleiben, bis sie mit Kraft aus der Höhe erfüllt wurden. Ich glaube, wir würden, wenn wir so erfüllt wären, in einer Woche mehr vollbringen als sonst in Jahren.

Mir scheint, es gibt etwa drei Klassen von Christen. Die erste Klasse wird uns im dritten Kapitel des Johannesevangeliums gezeigt. Sie waren nach Golgatha gegangen und hatten dort ewiges Leben bekommen. Sie glaubten an den Sohn und waren gerettet, und damit gaben sie sich zufrieden. Sie suchten nichts Höheres. Dann kommen wir im vierten Johanneskapitel zu einer höheren Klasse von Christen. Dort sprudelte eine Quelle lebendigen Wassers. Und dort sind ein paar solcher Christen zu finden, aber es ist nicht der hundertste Teil von denen der ersten Klasse. Die höchste Klasse finden wir in Johannes 7: Von ihren Leibern sollen Ströme lebendigen Wassers fließen. Das sind die Christen, zu denen wir gehören sollten ...

Sehr viele denken, wenn sie voll des Heiligen Geistes sind, müßten sie es für immer sein. Aber ach, meine Freunde, wir sind lecke Gefäße und müssen ständig unter der Quelle bleiben, um immer gefüllt zu sein. Wenn uns Gott gebrauchen soll, müssen wir sehr demütig sein. Ein Mensch, der in der Nähe Gottes lebt, wird der demütigste Mensch sein. Ich hörte einmal jemanden sagen, daß Gott immer das Gefäß wählt, das Er nahe zur Hand hat. Laßt uns nahe bei ihm bleiben."

Über den erfolgreichen Dienst im Leben D. L. Moodys hat der verstorbene Dr. C. L. Scofield, der Herausgeber der Scofield-Reference-Bibel, am Grabe Moodys ergreifend gesprochen. Er sagte unter anderem:

„Zweifellos wurde dieser ungelehrte Bauernjunge aus Neu-England das, was er wurde, durch die Gnade Gottes. Das Geheimnis der Kraft Dwight L. Moodys bestand erstens in dem klaren Erlebnis der rettenden Gnade Christi. Er war vom Tode zum Leben gekommen, und er wußte das. Zweitens glaubte er an die göttliche Autorität der Schrift. Die Bibel war für ihn die Stimme Gottes, und als solche verschaffte er ihr das Echo in den Gewissen der Menschen. Drittens war er mit dem Heiligen Geist erfüllt, auch das wußte er. Viertens war er ein Mann des

Gebets. Er glaubte an einen allmächtigen Gott, dem keine Grenzen gesetzt sind und dem alles möglich ist. Fünftens glaubte er an die Macht der Arbeit, eines rastlosen Sichmühens, einer weisen Vorsorge, an die Macht der Organisation und der Propaganda. Er erwartete das Wirken des Übernatürlichen, aber durch das Natürliche. Er lenkte seinen Wagen zu den Sternen, aber er sorgte dafür, daß die Räder immer auf der Erde blieben und die Achsen gut geölt waren."

Und wir, die wir in der heutigen Generation leben und den tiefen und ernsten Wunsch haben, daß der Herr uns wie einen Dwight Lyman Moody gebrauchen möchte, müssen wie er durch die Gnade gerettet sein und Gewißheit unseres Heils haben. Wir müssen Menschen des Glaubens sein und Menschen, die aus diesem Glauben heraus gute Werke tun. Wir müssen Diener sein, die mit dem Heiligen Geist erfüllt sind und von deren Leibe Ströme lebendigen Wassers fließen.

Andrew Murray

Das beständige Leben

Als der Heiland mit Seinen Jüngern das letzte Abendmahl feierte und alle tief bewegt waren, sprach Er zu ihnen, und damit auch zu uns, das Wort: „Ich bin der Weinstock, ihr seid die Reben. Wer in mir bleibt und ich in ihm, der bringt viel Frucht; denn ohne mich könnt ihr nichts tun."

Seitdem haben viele treue und fromme Nachfolger des Herrn Jesus diese wichtige und herrliche Wahrheit an sich selbst erfahren. Einer, dessen Leben ein Beispiel dafür ist, war Andrew Murray aus Südafrika.

Seit nahezu hundert Jahren ist unter den ernsten Christen, die sich nach einem Leben des Bleibens in Christus sehnen, sein Name bekannt und vertraut. Und viele sind durch seine Predigten und Schriften dahin gekommen, daß dieses Leben für sie Wirklichkeit geworden ist. Ende des 19. und Anfang des 20. Jahrhunderts war er überall bekannt als ein Mann des gläubigen Gebets, als ein Prediger, der den ganzen Heilsplan Gottes verkündigte, als Bibelkonferenzleiter und Autor vieler Bücher. Seine Schriften sind immer noch sehr gefragt, weil sie einem tatsächlichen Bedürfnis der Gotteskinder entgegenkommen.

Wir haben eine lebendige Beschreibung des erfolgreichen und gesegneten Gottesmannes. Andrew Murray hatte den Wunsch, daß man ihn sofort als Christen, einfach als Jünger Jesu, erkannte, und er schien auch jeden anderen daraufhin zu prüfen. „Sein eindringlicher Blick", so schrieb ein Beobachter, „scheint den Gesprächspartner zu prüfen, ob in seinem Gesicht die Bestätigung für ein Leben mit Christus zu finden ist, vor allem aber meint man darin die Bitte zu lesen: Bleib dem Meister treu! Man kommt nicht um die Feststellung herum: Dieser Mann möchte, daß ich Christus gehöre. Niemand, der einmal mit ihm gesprochen hat, und sei es auch nur über alltägliche Dinge, wird diesen ernsten und flehentlichen Blick vergessen können."

Der Beobachter fuhr fort: „Ich glaube, er ist den meisten Lesern religiöser Literatur durch seine Bücher, wie ‚Bleibe in Jesus', gut bekannt. Er ist tief gläubig; er verbreitet eine Atmosphäre des Gebets um sich. Immer scheint er wie in einen Mantel der Anbetung eingehüllt. Wenn er predigt oder einen Gottesdienst leitet, gibt er sich mit Leib und Seele und einem glühenden Eifer, der seinesgleichen sucht, seiner Aufgabe hin. Manchmal sind die Anwesenden erschreckt und überwältigt. Ein heiliger Ernst geht von ihm aus, eine Kraft, die wie ein elektrischer Strom die Zuhörer erfaßt, mag es in einer großen Versammlung sein oder in einem kleinen Kreis, der sich um ihn schart. In seinem schmächtigen, hinfälligen Körper von mittlerer Größe schlummert eine geradezu vulkanische Kraft, die, wenn sie sich entlädt, jede Schranke durchbricht und alles mit sich fortreißt. Wenn sich aus dem Hochofen seines Geistes der glühende Strom seiner natürlichen Beredsamkeit ergießt, dann bebt seine ganze Gestalt, die Lippen zittern, in seinem Gesicht arbeitet es, die Augen öffnen und schließen sich krampfhaft. Das schmale Gesicht und der fast abgezehrte Körper sind wie verklärt und durchleuchtet. Anstelle des gesetzten, ehrwürdigen Predigers des 19. Jahrhunderts mit dem schlichten geistlichen Gewand und der steifen weißen Krawatte, wie sie bei der holländischen Geistlichkeit unerläßlich ist, steht ein alter hebräischer Prophet vor uns – ein neuer Jesaja mit seiner feurigen, bildhaften Sprache, ein zweiter Hosea mit seinem klagenden und mahnenden Rufen. Die Zuhörer beugen sich unter dem peitschenden Regen seiner Worte wie Weiden im Sturm. Ihre Herzen demütigen sich, und ihr Geist wird von Ehrfurcht ergriffen."

Es ist eine unbestreitbare Tatsache, daß die Krisis des geistlichen Lebens, ebenso wie die Wiedergeburt, nicht nach einem bestimmten Schema verläuft. „Der Wind bläst, wo er will", und so wirkt auch der Heilige Geist, wie Er will. Andrew Murray ist ein treffliches Beispiel für einen Menschen, der ein geisterfülltes Leben führte. Dieses Leben war frei von allem Gefühlsüberschwang, es hatte seinen Ursprung in der Person des Heiligen Geistes selbst. Murray hat davon auf einer englischen Keswickversammlung ein Zeugnis abgelegt, das wir hier wiedergeben möchten.

„Einigen von Ihnen", so sagte er damals, „habe ich schon meine Gedanken ans Herz gelegt über die zwei Stufen im Leben des Christen und den Schritt von der einen zur anderen. Die ersten zehn Jahre meines geistlichen Lebens verbrachte ich ganz offensichtlich auf der untersten Stufe. Ich kann wohl sagen, daß ich als Geistlicher, was die Liebe zur Arbeit betraf, so eifrig und ernst und glücklich dabei war wie nur irgend jemand. Doch brannte die ganze Zeit über ein unaussprechliches Unbefriedigtsein und eine dauernde Ruhelosigkeit in meinem Herzen. Wo lag die Ursache dafür? Bei all meiner Theologie hatte ich nie gelernt, daß es möglich war, gehorsam zu sein. Meine Rechtfertigung war so klar wie der helle Mittag. Ich wußte die Stunde, in der mir Gott die Freude der Vergebung geschenkt hatte. Ich erinnerte mich daran, wie ich immer in meinem kleinen Zimmer in Bloemfontein saß und dachte: ‚Was fehlt mir eigentlich? Ich weiß, daß Gott mich durch das Blut Jesu Christi gerecht gemacht hat, aber ich habe keine Kraft zum Dienst.' Meine Gedanken, meine Worte, meine Taten, meine Untreue – alles quälte und beunruhigte mich. Obwohl man mich für den frömmsten Menschen hielt, lebte ich in einer tiefen Unzufriedenheit. Ich rang und betete, so gut ich konnte.

Eines Tages unterhielt ich mich mit einem Missionar.

Ich glaube nicht, daß er selbst viel von der Kraft der Heiligung wußte, sonst hätte er mir das sicher gesagt. Als wir miteinander sprachen und er mein ernstes Bemühen spürte, sagte er: ‚Bruder, denke daran, daß Gott, wenn Er dir einen Wunsch ins Herz gibt, ihn auch erfüllen will.' Das half mir. Ich dachte wohl hundertmal daran. Ich möchte Ihnen jetzt dasselbe sagen, wenn Sie in den Sumpf der Hilflosigkeit und der Zweifel gestürzt sind und sich darin abkämpfen: Gott will den Wunsch, den Er in Ihr Herz gibt, auch erfüllen.

Ja, Gott half mir. Sieben oder acht Jahre lang forschte und suchte ich weiter, und immer gab mir Gott etwas. Dann, um 1870, kam die große Heilige Bewegung. Die Artikel, die in der Zeitschrift ‚The Revival' (jetzt ‚The Christian') erschienen, bewegten mein Herz. Außerdem stand ich in enger Verbindung mit den Ereignissen in Oxford und Brighton. Alles das half mir. Ich könnte Ihnen vielleicht, wenn ich über Heiligung sprechen müßte, von einem Abend dort in meinem Studierzimmer in Cape Town erzählen. Doch möchte ich nicht behaupten, daß das meine endgültige Übergabe an den Herrn war, ich kämpfte noch.

Vielleicht kann ich Ihnen besser helfen, wenn ich nicht von irgendeinem besonderen Erlebnis spreche, sondern Ihnen ganz einfach erzähle, was mir Gott heute, im Gegensatz zu den ersten zehn Jahren meines Christenlebens, gegeben hat. Zuallererst habe ich es gelernt, mich jeden Tag als ein leeres Gefäß vor Gott hinzustellen, damit Er mich mit Seinem Heiligen Geist füllen kann. Er hat mir die Gewißheit geschenkt, daß Er sich als der ewige Gott verbürgt hat, Sein Werk in mir zu vollenden. Wenn es eine Lektion gibt, die ich Tag für Tag neu lerne, dann ist es die: daß es Gott ist, der alles in allen wirkt. O daß ich doch einem Bruder oder einer Schwester helfen könnte, daß das auch bei ihnen Wirklichkeit würde."

„Sie werden mich fragen", sagte Murray weiter, „ob ich nun zufrieden bin, ob ich alles bekommen habe, was ich mir wünschte. Gott behüte! Wohl darf ich sagen, daß ich jetzt im tiefsten Grunde meines Herzens volles Genüge in Jesus habe. Aber ich bin mir trotzdem bewußt, daß der überströmende Reichtum Seiner Gnade sich noch viel stärker offenbaren kann. Wir wollen immer wieder sagen: Das ist nur der Anfang. Wenn wir ins Allerheiligste vorgedrungen sind, fangen wir erst an, die richtige Stellung zum Vater einzunehmen."

Erst fehlte die Kraft. Dann nahm der Allmächtige Andrew Murrays Leben in Seine Hand, weil er Ihm sein Herz übergab.

Erst fehlte die Frucht. Dann lernte es Murray, in unbedingtem Gehorsam am Weinstock zu bleiben und nicht auf flüchtige Gefühle zu vertrauen.

Erst fehlte die Zufriedenheit. Dann lernte er, daß der heilige Gott „die durstige Seele sättigt und die hungrige Seele mit Gutem füllt".

Andrew Murray führte selbst ein geisterfülltes Leben, und deshalb ermutigte er durch sein Vorbild auch andere, diesen Weg des Friedens und der Kraft kennenzulernen. Amy Carmichael erzählt in ihrem Buch „Though the Mountains Shake" („Es sollen wohl Berge weichen") von einem Erlebnis im Jahre 1895, als sie wegen eines körperlichen Zusammenbruchs von Japan nach Hause zurückgekehrt war. Damals nahm Andrew Murray gerade an verschiedenen Konferenzen in England teil. Einmal waren sie beide Gäste in demselben Hause. „Ich wußte, daß seine Bücher sehr gut waren", erzählte sie. „Nicht daß ich schon eins davon gelesen hätte, aber eine ganze Reihe von ihnen stand, in schlichtes Grau gebunden, im Zimmer meiner Mutter, und jeder sagte, daß sie gut wären." Amy Carmichael war neugierig, ob Murray so gut wie seine Bücher war, sie fand aber, daß er sogar noch besser war. „Er war nicht nur gütig", sagte sie, „er hatte auch einen köstlichen trockenen Humor; er war unerschrocken und von kindlicher Einfalt und Einfachheit. Und er war sehr liebevoll."

Dann widerfuhr Murray etwas Schmerzliches. Miss Carmichael berichtet, wie er darauf reagierte:

„Er war eine Weile still vor dem Herrn, darauf schrieb er folgendes für sich nieder:

‚Erstens. Er brachte mich hierher, und es geschieht nach Seinem Willen, daß ich an diesem engherzigen Platz bin. In dieser Gewißheit will ich stille sein.

Zweitens. Er wird mich hier in Seiner Liebe bewahren und mir Gnade schenken, mich wie Sein Kind zu betragen.

Drittens. Er wird aus der Versuchung einen Segen machen, indem Er mich die Lektionen lernen läßt, die ich nach Seinem Willen lernen soll, und indem Er in mir die Gnade wirkt, die Er schenken möchte.

Als Letztes kann Er mich zu Seiner Stunde wieder hier herausbringen – wie und wann Er es für richtig hält.

Ich bin also hier

1. durch Gottes Führung
2. in Seiner Bewahrung
3. unter Seiner Erziehung
4. solange Er es will."

Solch eine Darstellung ist zeitlos. Vielen ist damit nicht nur einmal, sondern oft geholfen worden.

In Andrew Murrays Buch „Das Geheimnis der Anbetung" steht folgende Ermahnung: „Nimm dir Zeit. Gib Gott Zeit, sich dir zu offenbaren. Nimm dir selbst Zeit, still und ruhig vor Ihm zu sein, bis du durch den Heiligen Geist die Gewißheit erhältst, daß Er gegenwärtig ist und Seine Kraft in dir wirken kann. Nimm dir Zeit, Sein Wort so zu lesen, als tätest du es vor Seinem Angesicht. Dann wirst du erkennen, was Er von dir verlangt und was Er dir verheißt. Laß das Wort um dich herum und in dir eine heilige Atmosphäre schaffen, ein heiliges, himmlisches Licht, in dem deine Seele erfrischt und für die tägliche Arbeit gestärkt wird."

Das ist das Leben, das in Christus bleibt und das seine Nahrung und Kraft aus dem Weinstock zieht. In einem

Leben, das vom Heiligen Geist mit Seiner belebenden und erneuernden Kraft durchströmt wird, gibt es erhörliches Gebet, kraftvolle Predigt, Liebe, die andere entzündet, Freude, die überfließt, und einen Frieden, der höher ist als alle Vernunft.

In der Anbetung und Stille erkennt man Gott. Der Gehorsam hält im Lichte Seines Wortes die Gebote des Heilandes. Die Frucht aber entsteht von selbst, wenn man am Weinstock bleibt.

William P. Nicholson

Das gewinnende Leben

Über das Leben des irischen Evangelisten William P. Nicholson und seinen Dienst für Christus könnte man die Worte setzen: Vom Seefahrer zum Seelengewinner!

Im Kreis Down in der Nähe von Bangor in Nordirland geboren, schien er dazu ausersehen, Seemann zu werden. Sein Vater war in der zweiten Hälfte des neunzehnten Jahrhunderts, dem goldenen Zeitalter der Segelschiffe, Schiffskapitän. Er nahm seinen kleinen, erst sechs Jahre alten Jungen auf seine erste Reise mit. Heute noch besitzt Nicholson ein Bild, das die „Muriel", das Schiff seines Vaters, mit vollen Segeln auf Fahrt zeigt. Und obwohl der Evangelist nun schon über achtzig Jahre alt ist, erwacht in ihm, wenn er dieses Bild sieht, immer noch die Sehnsucht nach dem Meer. Vielleicht schlummert in ihm noch das Erbe der Wikinger, jener ruhelosen, furchtlosen Seefahrer, die im Mittelalter die Küsten Irlands unsicher machten.

Für Schulbücher und einen gewöhnlichen Beruf hatte der junge William nicht viel übrig, und so verließ er mit fünfzehn Jahren das Elternhaus und ging als Schiffsjunge zur See. Er erzählte später:

„Es war eine harte und rauhe Schule. Entweder wurde etwas aus einem oder man zerbrach. Doch ich war hier in meinem Element, besonders wenn ich bei steifer Brise oben im Mastkorb hing, der Sturm in der Takelung heulte und das Schiff von einer Seite auf die andere rollte. Das berauschte mich. Das Essen war knapp – zähes, gesalzenes Rind- und Schweinefleisch und Schiffszwieback, hart wie Dachziegel. Die geregelte Arbeitszeit, die frische Luft, die schwere Arbeit und ein unbedingter Gehorsam machten einen gesund, wenn auch nicht glücklich."

Aber der irische Schiffsjunge wurde von der See fortgeholt, um ein Menschenfischer zu werden. Das geschah auf ebenso dramatische Weise, vielleicht noch dramatischer als bei Petrus von Bethsaida. Auf einer Fahrt mit einer Ladung Kohle geriet sein Schiff – nachdem Kap Horn umfahren war – in einen fürchterlichen Nordoststurm. Es wurde so hin- und hergeworfen, daß es unterzugehen drohte und die Ladung zu rutschen begann. Mit gebrochenen Masten und zerrissenen Segeln trieb es dahin, ohne daß man auf Rettung hoffen konnte. Am Morgen näherte sich ein anderes Segelschiff, doch wagten es die halberfrorenen Männer auf Nicholsons Schiff nicht, in die See zu springen, weil sie wußten, daß sie niemals das rettende Schiff erreichen konnten. Daraufhin segelte das andere Schiff wieder weg und überließ sie ihrem Schicksal. Der Mannschaft gelang es dann, in den Laderaum einzubrechen und die Ladung so zu verstauen, daß das Schiff sich wieder von selbst aufrichtete. Mit der Takelage, die übriggeblieben war, konnten sie um das Kap Horn zurückfahren und die Falkland-Inseln erreichen.

Als sie wieder in Sicherheit waren, war alles vergessen, auch der Hilfeschrei zu Gott in höchster Not. Sie waren zwar dem Meer entrissen, aber nicht errettet!

Nachdem Nicholson seine Lehrzeit beendet und einige Zeit beim Eisenbahnbau in Südafrika gearbeitet hatte, kehrte er nach Hause zurück. Dort geschah es am Morgen des 22. Mai 1899, daß er zum zweiten Mal „dem Meer" entrissen wurde. Und dieses Mal wurde er wirklich gerettet. Während er am Kamin die Morgenzeitung las, rauchte und auf das Frühstück wartete, das ihm seine fromme Mutter zubereitete, hörte er plötzlich eine Stimme sagen: „Jetzt oder nie. Du mußt dich entscheiden, ob du Christus annehmen oder ablehnen willst." Da rief er, vor Furcht zitternd, aus: „Herr, ich übergebe mich Dir. Ich bereue alle meine Sünden und nehme Dich als meinen Retter an."

„Plötzlich wußte ich, daß ich gerettet war", erzählte er. „Tiefer Friede und eine felsenfeste Gewißheit erfüllten mein Herz, und ich war frei von Angst. Ich wandte mich an meine Mutter und sagte: ‚Mutter, ich bin gerettet.' Sie blickte mich an und brach beinahe zusammen. ‚Wann?' fragte sie. ‚Jetzt eben', erwiderte ich. ‚Wo?' ‚Hier, wo ich sitze!' Sie weinte in unaussprechlicher Freude. Sie konnte kein Wort sagen, sie umarmte mich nur, drückte mich an sich und weinte."

William Nicholson war gerettet, und er wußte es. „Ich habe nie Zweifel an meiner Errettung gehabt", erklärte er. „Das Blut Jesu hatte mich reingewaschen, und der Heilige Geist bestätigte es. Ich habe nie an dem Wort meiner lieben Mutter gezweifelt, wenn sie über meine natürliche Geburt sprach. Ist es dann so sonderbar, wenn ich Gottes Wort ohne Zweifel oder Furcht annahm? Ich wurde eine neue Kreatur und begann, die Sünde zu hassen. Ich gab mir die größte Mühe, Gott und Sein Wort, die Kirche und das Gebet zu lieben. Aber wie häufig versagte ich dabei!"

Die Krisis des geistlichen Lebens, in der der junge Nicholson für seinen Dienst mit dem Heiligen Geist ausgerüstet wurde, erlebte er ein paar Monate nach seiner Bekehrung. Am besten lassen wir den Iren seine Geschichte selbst erzählen.

„Friede, Freude und Heilsgewißheit blieben bestehen, aber es ging trotzdem auf und ab. Alle gröberen Sünden fielen allmählich von mir ab, und ich hatte keine Last mehr damit. Dafür quälten mich andere Sünden: Neid, Eifersucht, Groll und Haß. Ich konnte sie wohl niederringen, aber sie standen immer wieder auf, und dann stärker als vorher.

Die Menschenfurcht war eine schreckliche Fessel, in der ich hilflos gefangen war. Ich schämte mich Christi und schämte mich auch, zusammen mit entschiedenen Christen gesehen zu werden. Ich war ein Schleicher und Feigling, wie er im Buche stand. Ich verachtete mich selbst, konnte mir aber nicht helfen.

Zweimal an jedem Sonntag besuchte ich die Kirche und schloß mich der Männerbibelklasse an. Nach der Bibel hatte ich wenig oder gar kein Verlangen. Ich las sie zwar, hatte aber keinen Gewinn davon. Beten war eine richtige Strafe für mich und schien mir unnütz. In welch jämmerlicher, miserabler innerer Verfassung befand ich mich doch!

In diesem qualvollen Zustand lebte ich nach meiner Bekehrung nahezu sieben Monate. Einige sagten mir, ich wäre überhaupt nicht bekehrt – ich hätte mir das nur eingebildet. Aber sie irrten sich. Ich war wahrhaft wiedergeboren und eine neue Kreatur in Jesus Christus. Ich hatte das klare innere Zeugnis, und auch nach außen hin war ich ein veränderter Mensch ... Ich haßte die Sünde, wurde aber dauernd von ihr überwunden. Ich wollte gern heilig, ganz vollkommen sein, erreichte aber diesen Zustand nie. Ich war wirklich ein Kind Gottes und doch ein Sklave des Teufels. Mein Leben ging bergauf und bergab, aber mehr bergab als hinauf. Ich sündigte und bekannte die Sünde, hatte aber selten Sieg über sie. Ich glaubte daran, daß es eine Befreiung für mich gab, aber wie ich sie erlangen konnte, daß wußte ich nicht.

Ich kannte einige Christen, die ein sieghaftes, fröhliches Leben führten und viele Seelen für Christus gewannen. Wie beneidete ich sie! Ich glaubte bestimmt, sie hätten mich in das offene Geheimnis eingeweiht, wenn ich ihnen erzählt hätte, daß ich wie ein schwankendes Rohr war. Aber ich schämte mich, über meinen Zustand zu sprechen.

Gott sei Dank war der Tag meiner Befreiung nicht mehr fern. Einer der führenden Geschäftsleute der Stadt, ein entschiedener Jünger Jesu und eifriger Seelengewinner, berief eine ‚Konferenz zur Vertiefung des christlichen Lebens' ein. Mein älterer Bruder James und ein Freund aus seiner Studentenzeit, Reverend J. Stuart Holden, waren die Versammlungsleiter.

Wenn sie die Konferenz mit ‚Heiligungsversammlungen' bezeichnet hätten, hätte mich das abgeschreckt, und ich wäre niemals hingegangen. Ich hätte sie unnüchtern und fanatisch genannt, und da ich ein guter und eingefleischter Presbyterianer war, hätte ich sie gemieden.

Gleich bei der ersten Predigt, die ich hörte, war ich davon überzeugt, daß mein Bruder dem Reverend Holden etwas von mir erzählt hatte, denn er deckte öffentlich meinen jammervollen Zustand auf. Das machte mich rasend! Ich nahm mir vor, keinen zweiten Gottesdienst mehr zu besuchen; aber am nächsten Abend war ich wieder dort. Diesmal war es mir noch klarer, daß mein Bruder den Prediger beeinflußt hatte, mir persönlich eine Predigt zu halten. Ich wurde jeden Abend ärgerlicher, brachte es aber nicht fertig, den Versammlungen fernzubleiben.

Stuart Holden machte das Geheimnis eines siegreichen Christenlebens ganz deutlich. Wenn man durch den Geist Gottes wiedergeboren ist, kann man nur durch den Heiligen Geist ein sieghaftes Leben führen. Ich begann zu verstehen, daß ich ein solches Leben nicht durch eigene Anstrengung oder durch geistliche Übungen erlangen konnte, denn ‚es soll nicht durch Heer oder Kraft, sondern durch meinen Geist geschehen, spricht der Herr Zebaoth'. Es war kein persönliches Aneignen oder Besitzergreifen, sondern ein Geschenk. Christus war Gottes unaussprechliche Gabe an die Welt. Und der Heilige Geist war Christi Gabe an Seine Gemeinde. Ich hatte das tun wollen, was allein der Heilige Geist für mich tun konnte und tun wollte. Aber ich mußte Ihn aufgrund der Gnade im Glauben empfangen. Er wollte dann selbst mein Herz heiligen und für mich bitten, daß mich das Blut von aller Sünde reinigte und mir den Sieg gab, der durch Christus auf Golgatha erkauft worden war. Wenn ich im Licht wandelte, wie Er im Licht war, würde Er mich in einem Leben der Heiligung erhalten und mir Tag für Tag Sieg geben. Es war alles wundervoll und neu für mich. Ich hatte so etwas noch nie gehört. O wie ich mich nach einem solchen Leben sehnte! Aber die Furcht vor den Folgen hielt mich zurück. Ich wollte nicht etwas sein oder tun, was ein Presbyterianer nicht sein oder nicht tun sollte. Ich versuchte das dem Herrn so eindringlich wie möglich zu erklären, aber Er hatte kein Mitleid mit meinen Ängsten. Ich konnte Ihn nicht zu einem Presbyterianer machen!

Die Heilsarmee war in unsere Stadt gekommen. Das Korps bestand aus zwei kleinen Mädchen in Uniform. Sie hielten Versammlungen im Freien und machten ziemlichen Lärm mit ihren Tamburins. Ihr erster Soldat war ein Mann names Daft Jimmy. Er war recht einfältig, aber soviel hatte er doch begriffen, daß er sich hatte retten lassen. Er trug die Fahne, wenn sie durch die Stadt marschierten. Auf den Rücken seiner roten Wolljacke hatten die Frauen mit weißem Garn die Worte ‚Frei von Menschenfurcht' gestickt.

Satan flüsterte mir höhnisch zu, ich müßte in die Heilsarmeeversammlung gehen und mit den zwei kleinen Mädchen und einem Narren die Straße entlangmarschieren. Sollte mir das nicht Furcht und Schrecken einjagen? Alle meine Freunde würden mich auslachen, und ich würde meinen guten Ruf verlieren. ‚Herr, nur das nicht', sagte ich, ‚ich will lieber nach Timbuktu oder Hongkong gehen oder auch als anständiger Märtyrer sterben!' Ich konnte nicht damit fertig werden und wurde immer unglücklicher. Und doch sehnte ich mich immer mehr nach Freiheit und Sieg.

Schließlich war ich der Verzweiflung nahe. In der letzten Abendversammlung erkannte ich, daß es für mich nur eins gab: entweder eine klare, bedingungslose Übergabe an den Herrn oder den alten Weg des Versagens, der Niederlagen und der Unzufriedenheit. Ich verließ die Versammlung und ging an den Meeresstrand. Und dort unter dem klaren Himmel, an dem die Sterne leuchteten, übergab ich mich vorbehaltlos und ganz dem Herrn. ‚Komm, Heiliger Geist', rief ich aus, ‚komm in mein Herz, segne mich und beginne in mir dein Werk! Ich ergreife im Glauben die Verheißung und nehme für mich den völligen Sieg über die Sünde in Anspruch.'

Halleluja! Welch ein Glück, welch ein Frieden, welch eine Freude ergriff mich! Obwohl ich ein altmodischer Presbyterianer war, weinte und sang und jubelte ich wie ein altmodischer Methodist. Als ich nach Hause kam, erzählte ich meiner Mutter: ‚Ich habe mich dem Herrn übergeben und bin frei und glücklich.' Sie war voller Freude und sagte mir, sie hätte sich oft gefragt, ob ich wirklich gerettet wäre. Sie selbst hatte auch eine besondere ‚Segnung' empfangen, und zwar in einer Versammlung in Belfast unter der Predigt von Andrew Murray. Mir war es wie ein Wunder, daß meine Furcht davor, was die Menschen sagen würden, völlig verschwunden war. Ich war nun bereit, alles zu tun und überall hinzugehen. Und gerade das, wovor ich am meisten Angst gehabt hatte, ehe ich die Segnung empfing, das nahm ich mir jetzt vor: Ich ging in die Heilsarmeeversammlung. Ich kann nicht gerade behaupten, daß ich mich sehr glücklich dabei fühlte, aber ich sagte dem Herrn, ich würde alles tun, was Er wünschte. Während ich am Samstagabend zu der Versammlung ging, war es mir, als ob alle meine Freunde und Verwandten auf den Beinen wären. Als ich am Versammlungsort ankam und die beiden kleinen Heilsarmeemädchen singen und mit ihren Tamburins klappern hörte und dazu den armen Daft Jimmy die Fahne halten sah, wäre ich beinahe umgekehrt. Da spricht man so schön vom Sterben! Es war wirklich ein schweres Sterben für mich an diesem Abend. Ich ging den Fußpfad entlang und stellte mich in ihren Kreis. Der Heilsarmeesoldat blickte mich an. Dann sagte jemand zu meinem Entsetzen: ‚Die Leute bleiben gar nicht stehen und wollen nicht zuhören. Laßt uns auf die Knie fallen und beten!' Was sollte ich tun? Ich konnte ja nicht wegrennen. So fiel ich auf meine Knie nieder.

Die Menge sammelte sich um uns und blieb stehen. Ich hörte sie lachen und spotten. Der Offizier betete ein Gebet im Telegrammstil – kurz und treffend. Ich hätte gewünscht, das Gebet wäre so lang gewesen wie der 119. Psalm. Ich stand auf, beschämt und nervös. Sie hielten darauf eine Kollekte unter den Leuten, und dann sagte eins der Mädchen zu meinem Schreck: ‚Bruder, nimm hier das Tamburin und führe die Abteilung die Straße hinunter zu den Baracken.' Ich konnte mich doch nicht von einem Mädchen beschämen lassen, und so nahm ich das Tamburin. Da geschah es! Meine Fesseln fielen ab, und ich war frei: Alle meine Furcht war dahin!

Ich zog die Straße hinunter, ob im Leibe oder außer dem Leibe, ich weiß es nicht. Ich verlor meinen guten Ruf und meine Menschenfurcht, dafür zogen Freude, Friede und Dank in mein Herz. Ich kann jetzt verstehen, warum der Herr so drastisch mit mir verfuhr. Ich wäre auf eine andere Weise wahrscheinlich nie zum Sieg gekommen und nie ein entschiedener Christ geworden. Ich war von Natur furchtsam und scheu. Ich verlor an diesem Abend etwas, was ich niemals wieder haben möchte, und ich fand etwas, was ich niemals wieder verlieren möchte. Ich verlor mein Ansehen und die Menschenfurcht und fand durch die Fülle des Geistes Freude und Frieden. Halleluja!"

An Straßenecken und in Hütten, in der Stadt und auf den Dörfern, im Geschäft, in der Bahn und in der Kirche wurde Nicholson ein furchtloser und leidenschaftlicher Seelengewinner. Weil er so begeistert war und so großen Erfolg hatte, wurde ihm von ernsten Freunden geraten, sich für die christliche Arbeit richtig auszubilden. Sein neuer Freund Stuart Holden riet ihm aber, nicht übereilt zu handeln, sondern zu warten, bis Gott ihm eine Tür öffnen würde.

Er selbst gibt uns einen kleinen Einblick in seinen Dienst während jener Zeit:

„Jeden Sonntag hielt ich in einem Dorf, ein paar Meilen von Bangor entfernt, in einem winzigen Versammlungsraum der Orangisten* einen Gottesdienst. Ich besuchte vorher jedes Haus und lud die Leute ein, in meine Versammlung zu kommen. Ich betete mit jedem, der dazu bereit war, und gab ihm eine gedruckte Predigt von Spurgeon. Eine liebe alte Dame, die vor der Tür ihrer strohgedeckten Hütte saß, sagte, als ich sie bat, in meinen Gottesdienst zu kommen: ‚Gott segne Sie, Mr. Nicholson, ich brauche gar nicht hinzukommen. Sie sprechen so laut, daß man Sie im ganzen Dorf hören kann.' Als Seemann hatte ich eine laute Stimme bekommen, und wenn ich mich beim Predigen ereiferte, konnte man mich eine Meile weit hören."

Nach Seinem Ratschluß und zu Seiner Zeit führte der Allmächtige Seinen jungen Diener auf die Bibelschule in Glasgow. Dort unterrichteten ihn fromme und begabte Lehrer in der Heiligen Schrift, die das alleinige Textbuch für seine Predigten wurde. Seine größte Freude war es, für den Heiland zu zeugen und Menschen für Ihn zu gewinnen. Nachdem er die Bibelschule besucht hatte, wurde er Evangelist bei der Lanarkshire Christian Union, einer überkonfessionellen Gemeinschaft führender christlicher Geschäftsleute in jenem Teil Schottlands. Im Winter hielt er Evangelisationsversammlungen in den Dörfern des Kohlengebietes, im Sommer veranstaltete er Zeltversammlungen. Der Herr schenkte ihm große Beliebtheit bei den Menschen. Viele kamen durch ihn zur Gewißheit ihrer Errettung durch den Herrn Jesus, und viele übergaben sich völlig dem Heiland und wurden geisterfüllte Christen, die wieder andere zum Herrn führten. Es lohnt sich, einige seiner ersten Erlebnisse weiterzugeben. Er erzählt:

„Während des Sommers hielten wir unsere Versammlungen in einem großen Zelt. In dem einen Ort half mir

---

* Extremer irischer politisch-protestantischer Geheimbund.

ein großer, starker Bergarbeiter beim Aufbau des Zeltes. Er hielt die Pflöcke, während ich sie mit einem vierzehn Pfund schweren Hammer in die Erde schlug. Die Sonne schien heiß, und ich hatte grobe Arbeitskleidung an. Auf einmal sagte der Mann: ‚Der Prediger müßte sich eigentlich schämen, Sie so arbeiten zu lassen. Wenn Sie die ganze schwere Arbeit getan haben, kommt dann sicherlich Herr Nicholson fein angezogen auf die Kanzel, um zu predigen.' Ich verriet nicht, wer ich war, sondern ließ ihn über den wohlgenährten, fetten und faulen Prediger weiterschimpfen. Bei der ganzen Sache käme sowieso nichts heraus, meinte er, und er für seinen Teil würde erst gar nicht zur Versammlung hingehen. Ich sagte nichts dazu.

Am Sonntagnachmittag war unsere erste Versammlung. Als ich das Rednerpult bestieg – wen erblickte ich da? Meinen guten Helfer. Ich sah ihn an, und er starrte mich an. Er konnte offenbar nicht glauben, daß ich der Mann war, dem er beim Zeltaufbau geholfen hatte. Ich gab mir die größte Mühe, als Vorbereitung für die Predigt eine gute Atmosphäre in der Versammlung zu schaffen. Ich gab die Ankündigungen und stellte mich vor. Dann sagte ich, daß ich etwas Gutes über die Errichtung des Zeltes zu berichten hätte, und erzählte ihnen von dem Mann, der mir geholfen und was er über mich gesagt hatte. Ich fügte hinzu, das Schönste von allem wäre, daß er im Zelt anwesend sei! Ich stellte ihn nicht bloß, aber die meisten Zuhörer kannten ihn als notorischen Sünder. Wie sollten sie da nicht lachen! Aber das Beste von allem: Er wurde gründlich bekehrt!"

Noch eine andere Erinnerung Nicholsons aus jenen ersten Tagen des Evangelisierens sei hier wiedergegeben:

„Wir hatten gewöhnlich Gebetsversammlungen, die halbe oder ganze Nächte dauerten. Manchmal ging es dabei ziemlich laut her. Bei manchen Betern mußte man den Eindruck gewinnen, daß Gott eine Million Meilen entfernt oder gar taub war. Eines Abends, als ein Mann mit dröhnender Stimme betete, zog ihn ein schüchterner, stiller Gebetskämpfer an der Jacke und sagte: ‚Bruder, Gott ist nicht taub.' ‚Nein', sagte der Mann, ‚Gott ist nicht taub, aber diese Sünder hier scheinen es zu sein.'

Einer betete: ‚Herr, gib mir einen guten Ruf in der Hölle und bei dem alten Teufel.' Er löste damit ein Gelächter aus. Hinterher nahm ich ihn beiseite und sagte ihm, er dürfte beim Beten nicht Dinge sagen, die uns zum Lachen brächten. ‚Mr. Nicholson', antwortete er, ‚aus diesem Grunde habe ich das nicht gesagt. Ich habe es in der Bibel gelesen.' ‚Wo?' fragte ich. ‚In der Apostelgeschichte Kap. 19,13-15', meinte er. Dort wird berichtet, daß die sieben Söhne des Skevas, die Beschwörer waren, den Namen des Herrn Jesus über denen nannten, die da böse Geister hatten, und sprachen: Ich beschwöre euch bei dem Jesus, den Paulus predigt. Aber der böse Geist antwortete und sprach: Jesus kenne ich wohl, und von Paulus weiß ich wohl; wer seid ihr aber?

‚Ich möchte gern', sagte der Mann, der gebetet hatte, ‚daß der Teufel auch von mir weiß, wer ich bin.' Ich konnte kein Wort dazu sagen. Er war neubekehrt und früher ein großer Sünder gewesen.

Das waren große Tage, und es wurden große Siege errungen. Immer gab es einen Aufruhr oder eine Erwekkung. Manchmal einen Aufruhr ohne Erweckung, aber niemals eine Erweckung ohne Aufruhr!"

Nachdem die Tage des Lernens und der ersten Prüfungen vorüber waren, wurde der Diener Gottes gebeten, bei dem Evangelisations-Feldzug mitzuhelfen, den Dr. Wilbur Chapman und Charles M. Alexander in der ganzen Welt veranstalteten. Der irische Evangelist segelte im März 1909 zu diesem Feldzug nach Melbourne in Australien.

Dort erlebte er herrliche Tage der Erweckung. Aber sie waren nur ein Anfang für ihn. In den nächsten Jahrzehnten ist er mehr als zehnmal um die Welt gereist und hat in nahezu jedem Land der Erde Zeugnis für den Heiland abgelegt. Zehntausende sind in seinen Evangelisationen zu Christus gekommen, und zahllose Christen haben das geisterfüllte Leben kennengelernt. Das Ausmaß seines Dienstes wird erst einmal in der Ewigkeit bekannt werden. Wer kann sagen, wieviele Menschen dieser Gottesmann zum Heiland geführt hat?

Eine Illustration mag genügen. An einem Sonntagmorgen, es war der 23. September 1923, wurde ein junger, hochintelligenter und selbstbewußter Protz bekehrt. Er war fremd in Los Angeles und kannte keine Kirche. Während seines kurzen Aufenthaltes in der Stadt hatte er jede Nacht eine Tanzdiele besucht. Eines Sonntags dachte er, es wäre doch ganz nett, auch einmal in die Kirche zu gehen, damit neben der gesellschaftlichen auch die geistliche Seite seines Lebens zu ihrem Recht käme.

„Es war eine große Kirche, in die ich ging", erzählte er später. „Über viertausend Besucher waren da, und ich wußte, keiner kannte mich. Ich setzte mich sehr nahe an die Tür, um gleich wieder hinausgehen zu können, falls mir der Prediger nicht gefallen sollte. Der Gottesdienst begann, und wie predigte dieser Mann! Ich hatte in meinem ganzen Leben noch nie so etwas gehört. Ich war gewohnt, in der Kirche die Prediger mit säuselnder, besänftigender Stimme in poetischen und gewählten Ausdrükken sprechen zu hören, und meist konnte ich ausgezeichnet dabei schlafen. Aber an diesem Morgen gab es keinen Schlaf für mich!

William P. Nicholson predigte über Hölle und Himmel und Sünde und sagte mir, daß Christus der wäre, den ich brauchte. Er schien mich persönlich aus dieser riesigen Versammlung herauszugreifen und unmittelbar zu mir zu sprechen ..."

An diesem Sonntagmorgen nahm Percy B. Crawford den Heiland an, und viele Christen wissen, wie segensreich seine Arbeit seit jenem Tage ist. Nach dem Studium an der Bibelschule in Los Angeles und am Wheaton College ist er durch seine hervorragenden Rundfunk- und Fernsehgottesdienste für die Jugend und durch seinen

Dienst als Präsident des King's College im Staate New York weithin bekannt geworden. Er ist nur einer von Tausenden, die durch William P. Nicholson zu Christus geführt worden sind.

Vom Seefahrer zum Seelengewinner – so steht es über dem Leben dieses Iren! Durch Gottes Gnade aus dem tobenden Meer gerettet, dann eines Morgens am Kamin von der Leidenschaft zum Meer befreit, übergab er am Strand des Meeres sein Herz ganz dem Herrn und wurde mit dem Geist Gottes erfüllt. So wurde aus ihm ein Seelengewinner.

Eugenia Price

Das vertrauende Leben

Eugenia Price ist mitten im zwanzigsten Jahrhundert ein Wunder der Gnade Gottes.

Sie kam aus dem Heidentum und wurde eine überzeugte Christin. Den breiten Weg, der zur Verdammnis führt, hat sie verlassen und den schmalen Weg eingeschlagen, der zum ewigen Leben führt. Ihre Laufbahn als ehrgeizige Journalistin und Schriftstellerin für Rundfunk und Fernsehen hat sie aufgegeben und sich ganz dem Herrn Jesus Christus verschrieben. Früher stand ihr Ich im Mittelpunkt, jetzt dient sie in selbstloser Weise dem Gekreuzigten.

Als sich Genie Price bekehrte, wurde sie „eine neue Kreatur in Christus Jesus". Sie wurde so völlig umgewandelt, daß sie sich selbst kaum wiedererkannte. Wie sie es in ihrer Selbstbiographie „The Burden Is Light" („Die Last ist leicht") so anschaulich schildert, merkte sie bald, daß die durchbohrte Hand des Meisters sie im Dienst für Ihn auf Gebiete und Aufgaben hinwies, die sie sich selbst niemals ausgesucht hätte. Mit ihrem ganzen Herzen schloß sie sich dem Herrn in inniger Gemeinschaft an, immer bereit, ihren Mitmenschen zu helfen.

Dann kam eine Periode der Angst und Unruhe. Sie fühlte sich plötzlich von Dunkelheit umgeben und geriet in große Verwirrung.

Genie Price war in die Ecke gedrängt worden, wahrscheinlich durch Umstände, auf die sie keinerlei Einfluß gehabt hatte. Sie merkte jedoch erst, als sie in einer Krisis steckte, daß der Herr eine bestimmte Absicht damit verfolgte. Er wollte sie an die Grenze ihrer eigenen Kraft führen. Davon erzählt sie selbst: „Ich war schon etwas länger als fünf Jahre an Christus gläubig. Da wurde ich durch besondere Umstände in eine Finsternis hinabgezogen, die sogar für mich, die ich so lange in Finsternis gelebt hatte, neu war. Diesmal hatte ich, soweit ich es beurteilen konnte, selbst keine Schuld daran. Ich war ein Opfer der Verhältnisse geworden. Aus meiner Finsternis schleuderte ich Fragen zu Gott empor. Aus den Fragen wurden Anklage und Auflehnung. Im September 1954 war ich soweit, daß ich zwei Wochen lang nur dasaß und vor mich hinstarrte. Es waren nur noch drei Wochen bis zum Beginn einer Vortragsreihe im Herbst, und bis dahin hatte ich noch jede Woche einmal ein Radioprogramm zusammenzustellen und zu leiten. Statt dessen saß ich nun in meiner dumpfen, lichtlosen Verzweiflung und litt an einer Depression, die ich überhaupt nicht beschreiben kann."

Diese Finsternis und Niedergeschlagenheit trat ein, als Eugenia Price ihre Selbstbiographie „The Burden Is Light" geschrieben hatte! Bis dahin hatte sie noch nicht gelernt, daß wir nicht mit Fleisch und Blut zu kämpfen haben, sondern mit den bösen Geistern unter dem Himmel. Nicht selten folgt, nachdem man ein Zeugnis für Christus abgelegt hat, eine schwere Glaubensprüfung. So war es jetzt bei ihr. Aber lassen wir sie selbst davon erzählen:

„Meine Kollegin und Freundin Ellen Riley versuchte, zwischen mir und unserer lieben Freundin Anna Mow eine telefonische Verbindung zustande zu bringen. Ellen wußte, daß Anna Mow der einzige Mensch war, der noch einen Einfluß auf mich ausüben konnte. Ich wich ihr aber aus. Ich konnte mir wirklich nicht vorstellen, daß ich mit irgend jemandem über meinen Zustand sprechen könnte. Dann eines Tages meldete ich mich ‚aus Versehen', als das Telefon läutete. Es war Anna. Ich hatte ihr aus Dankbarkeit für manche geistliche Hilfe mein Andachtsbuch

‚Share My Pleasant Stones' gewidmet. Was sie mir aber an diesem Tage sagte, war mir wertvoller als alles Bisherige.

Ich sagte ihr zuerst, daß ich über mich selbst entsetzt wäre. Ich schrie buchstäblich ins Telefon: ‚Wie ist es möglich, daß man Bücher schreibt wie ‚Die Last ist leicht' und daß es einem danach so ergeht? Das ist doch dann alles nicht wahr! Und wenn es wahr ist – warum geht es mir dann so schlecht?'

Ich hörte Anna Mow herzlich lachen. Das ärgerte mich so, daß ich nicht gleich weitersprechen konnte, und da sagte sie: ‚Selbstverständlich ist das, was du geschrieben hast, wahr. Aber: Hast du denn ein Zeugnis für Eugenia Price abgelegt? Und wenn du da und dort am Rednerpult gestanden und gesprochen hast, hast du da für dich Zeugnis abgelegt? Doch bestimmt nicht! Du hast für Jesus Christus gezeugt. Und an Ihm ändert sich nichts!'

Ich wollte gern, daß sie sich etwas deutlicher ausdrückte, und sagte: ‚Aber Anna, ich fühle mich wie ein Heide!'

Sie lachte wieder.

‚Nun, dann handle weiter wie ein Heide! Auch das ändert nichts an Jesus Christus.'

Darauf konnte ich nichts erwidern. Dann fing ich von neuem an. ‚Aber wenn ich dir jetzt sagen würde, daß ich nicht mehr glauben kann?'

Einen Augenblick blieb es still. Diesmal lachte Anna nicht. Dann sagte sie mit einem Anflug von Schmerz, doch mit ruhiger und fester Stimme: ‚Nun, auch das würde Ihn nicht verändern. Er würde auf dich warten, bis du durch die Zweifel hindurch bist.' Soweit ich mich erinnere, sagte sie nichts mehr, und wir hängten ein. Meine Finsternis lichtete sich etwas, aber es wurde nicht hell. Es blieb alles grau. Und doch schien in dem Grau eine gewisse Bewegung zu sein.

Ein neuer Tag kam, und die Morgenpost brachte eine Karte von Anne, auf der nur stand: Der Herr ist auferstanden!

Ich hörte auf zu klagen und wurde ein bißchen umgänglicher. Aber nichts änderte sich an meiner schlimmen Situation, und auch in mir schien sich nichts geändert zu haben. Ich setzte an jedem Nachmittag für mich eine bestimmte Gebetszeit fest, in der ich Gott auf die verschiedensten Gebetsmethoden, von denen ich gelesen hatte, bestürmte. Er mußte doch jetzt in meiner Sache etwas tun! Aber es geschah nichts. Da hörte ich mit den ‚Methoden' auf. Und dann sagte ich Ihm endlich, daß ich zu müde wäre, noch etwas zu sagen. ‚Es ist gut', schien Er zu antworten.

Als es still geworden war, war ich plötzlich fest davon überzeugt, daß Er sich um die ganze Unordnung und Verwirrung in meinem Innern mehr Sorge machte als ich! So verging ein Tag nach dem anderen, und obwohl sich nichts ereignete, klagte ich nicht und versuchte auch nicht mehr, andere Leute mit meinen Klagen dahin zu bringen, daß sie Jesus Christus verteidigen mußten. Ich hörte auf, mich hierhin und dahin zu wenden und andere, die auch nur Menschen waren und selbst Kummer hatten, mit meinen Fragen zu belästigen. Aber meine Stunde mit dem Herrn behielt ich bei und stand, obwohl ich es nicht gern tat, morgens um 6.30 Uhr auf. Weiter kam ich nicht. Und doch gewann ich dabei etwas. Heute weiß ich, daß jede Silbe aus Gottes Wort, die wir – sogar unbewußt – in unser Unterbewußtsein aufnehmen, dort haften bleibt und ein nützlicher Bestandteil von uns wird.

Dann trat die ‚Krisis' ein, und niemand war mehr überrascht als ich. Es war der 24. September 1954. Meine Freundin Ellen war am Abend vorher spät zu Bett gegangen und hatte mich gebeten, sie bis neun Uhr morgens schlafen zu lassen. Ich hatte mehr oder weniger wahllos und ohne viel zu verstehen, im Neuen Testament gelesen. Dann sah ich nach der Uhr. Es war fünf Minuten vor neun. Ich erinnerte mich an mein Versprechen, sie zu wecken.

Laß sie noch fünf Minuten schlafen, dachte ich. Und

ich erinnere mich, daß ich dann ziemlich gedankenlos dasaß. Ich bat Gott um nichts. Ich befand mich noch in dem ‚Grau' und fühlte mich leer und sehr un-geistlich. Wie es manchmal so ist, wenn wir vor uns hingrübeln: Die Gedanken gehen spazieren. Meine flogen in diesem Augenblick zu dem großen schmerzlichen Problem in meinem Leben. Dann überraschte ich mich dabei, wie ich über die ganze Zeitspanne seit meiner Bekehrung nachdachte. Plötzlich sagte ich laut zu dem Herrn: ‚Was bedeutet es eigentlich, ein neues Leben zu haben? Was bedeutet es wirklich?'

Ich will hier das, was geschah, nicht zu erklären versuchen. Ich erhielt keine unmittelbare Antwort von Gott. Aber innerhalb eines Zeitraumes, den ich nicht abschätzen konnte, führte mich der Heilige Geist von einer Schriftstelle zur anderen. Ich war jedesmal überrascht, denn einige der Stellen hätte ich sonst ohne meine Konkordanz nicht gefunden. Er, der Heilige Geist, mußte beginnen, wo Er begann. Ich werde einfach die Schriftstellen anführen und hinzufügen, was sie mir an jenem Morgen zu sagen hatten:

1) Apostelgeschichte 4,31: ‚Und da sie gebetet hatten, bewegte sich die Stätte, da sie versammelt waren; und sie wurden alle des Heiligen Geistes voll und redeten das Wort Gottes mit Freudigkeit.' Bei mir bewegte sich nichts. Ich glaube, ich wurde auf diesen Vers hingewiesen, damit ich erkannte, daß die Gläubigen wieder mit dem Heiligen Geist erfüllt wurden. In meiner Bibel stand in einer Anmerkung etwas über eine Taufe und viele Geisteserfüllungen. Dies öffnete mein bisher begrenztes Verständnis dafür, daß es möglich war, immer noch mehr von Gott zu erhalten. Ich hatte mich dem Heiligen Geist im Gehorsam geöffnet, soweit ich das damals verstand. Das erfüllte mich plötzlich mit neuem Eifer und neuer Erwartung! Die ‚Bewegung', die ich in dem Grau verspürt hatte, verstärkte sich. Ich war sehr erregt, als ich mich getrieben fühlte, zurückzublättern zum

2) 14. Kapitel des Johannes-Evangeliums. Das ganze Kapitel schien in diesem Augenblick gerade für mich zu passen. Ich hatte es vorher immer wieder gelesen, aber jetzt erschien mir Jesus in einem ganz neuen Licht, und es wurde mir wichtig, daß Er gesagt hatte: ‚Ich will zu euch kommen!' Der nächste Vers, an den ich mich erinnere, war

3) Johannes 15,5: ‚Ich bin der Weinstock, ihr seid die Reben. Wer in mir bleibt und ich in ihm, der bringt viel Frucht …' Ich blieb stehen bei den Worten ‚… und ich in ihm.' Dann war ich gar nicht überrascht, daß ich beim schnellen Umblättern der Seiten die Stelle

4) 2. Korinther 5,17 fand: ‚Darum, ist jemand in Christus, so ist er eine neue Kreatur; das Alte ist vergangen, siehe, es ist alles neu geworden!' Ich hatte diesen Vers immer wieder bei den Bekehrungsgeschichten in meinem Buch ‚Unshackled' (Von Fesseln befreit) gebraucht. Hier war es wirklich neu für mich. Alles wies auf das ‚Neue' hin. Ich eilte zum nächsten Vers, so wie es mir der Heilige Geist eingab, ohne daß ich mir dessen bewußt war. In meiner Hast zerriß ich fast die Seiten der Bibel und kam zu

5) Römer 6,13: ‚Auch begebet nicht der Sünde eure Glieder zu Waffen der Ungerechtigkeit, sondern begebet euch selbst Gott …' Hatte ich das nicht getan? Soweit ich es verstand; aber irgendwie hatte ich das Gefühl, daß ich jetzt auch mein neues Ich Gott übergeben mußte! Christus selbst war gekommen, um in mir zu leben. Er veränderte mich. Aber ich mußte Ihm auch alles Neue übergeben. Mit Worten kann man das nicht beschreiben. Aber ich verstand jetzt das Wort ‚neu'. Es mußte ein ständiges Neues da sein, sonst war es wieder alt!

Dann geschah die Übergabe. Ruhig, nicht dramatisch. Ohne Kampf. Mein unruhiges Herz war krank vor Kummer. Meine Not war so groß, daß ich mich ganz einfach auf Grund der Erlösungstat Christi mit allem, wovon nur Er und ich etwas wußten, Ihm übergab!

Und dann blätterte ich weiter die Seiten der Bibel um. Und da war ein Psalm und ein Vers, den ich allein niemals gefunden hätte:

6) Psalm 73,25: ‚Wenn ich nur dich habe, so frage ich nichts nach Himmel und Erde.' Als ob das ganz selbstverständlich wäre, sagte ich laut: ‚O ja, nur dich!' Plötzlich verstand ich, wie einfach das war.

Dann mußte ich auf einmal daran denken, wie spät es wohl sein mochte. Nach meinem Empfinden hätte es Mittag sein können! Und ich hatte doch Ellen versprochen, sie um neun Uhr zu wecken. Ich sah auf die Uhr. Es war Punkt neun. Alles dies war innerhalb fünf Minuten irdischer Zeit geschehen! – Als ich Ellen geweckt hatte, erzählte ich ihr, was ich erlebt hatte. Es klang so, als ob ich nur eine ‚schöpferische Pause' gehabt hätte. Aber sie begann zu merken – und das behauptet sie heute noch –, daß es sich mit mir seit diesem Morgen viel leichter leben ließ.

Persönlich fühlte ich mich einfach zur Ruhe gekommen. Und ich ruhte tatsächlich. Ich hatte noch alle meine Sorgen, aber eine herrliche Tatsache war mir mitten in dem Grau, das ich bekämpft hatte, klar geworden:

In Jesus Christus war alles, was ich in meinem Leben und für mein Leben brauchte!"

Vieles wurde nun neu im Leben von Eugenia Price. Es kam zu einem neuen tieferen Verstehen zwischen ihr und dem Heiland. Er allein sollte der Herr ihres Lebens sein. Im Mittelpunkt ihrer Zeugnisse stand jetzt weniger die Erlösung als der Erlöser selbst. Sie sagte: „Ich fühlte mich nicht selbstsicher. Aber ich fühlte, daß alles sicherer, ruhiger, einfacher geworden war. Ich brauchte nicht nachzuweisen, was, theologisch gesehen, mit mir geschehen war. Das hätte ich auch gar nicht gekonnt."

Auch ein neues Verständnis für das Wort Gottes und damit für die Person Jesu Christi war nun da. Es zeigten sich neue Möglichkeiten für den Dienst, und sie bekam neuen Mut und neue Kraft für die Aufgaben, die ihr aufgetragen wurden.

Es war, wie sie sagte, mehr Platz für Gott in ihrem Leben. „Ich machte Raum für Ihn ... Er wußte, in was für einem Zustand ich mich befand, als das alles am 24. September 1954 geschah. Nur Er wußte genau, wieviel in den Tiefen meines Herzens neu geschaffen worden war."

Neu war es für Eugenia Price, daß sie den Heiland tatsächlich in dem feurigen Ofen der Trübsal fand. Sie erlebte, daß Er in jeder Prüfung bei ihr war, ebenso wie bei den drei jungen Hebräern im Feuerofen Nebukadnezars. Mitten in den Flammen des Feuerofens schrieb sie unter Gebet und Tränen ihr Andachtsbuch ‚Share My Pleasant Stones' zu Ende.

Ebenso lernte sie, daß es für den Herrn nichts, auch keinen „Sonderfall" gibt, der für Ihn zu schwer wäre und den Er nicht meistern könnte. Und das Beste von allem: Sie erkannte, daß der Herr Jesus selbst ihr Sieg war; denn Sieg ist Jemand, nicht Etwas.

Dieses Bewußtsein und diese Gewißheit kamen ihr nicht plötzlich und von selbst, sondern im täglichen Umgang mit Ihm. An diesem Septembermorgen hatte Er ihr Ruhe geschenkt, hatte „Wohnung" bei ihr gemacht. Deshalb konnte sie sagen: „In den nächsten drei Jahren erlebte ich, daß ich bei Christus ‚zu Hause' war und auch, wie nie zuvor, bei Christen. Er ließ nicht zu, daß ich auch nur eine Stunde daran dachte, ohne Ihn zu leben. Er benutzte diese drei Jahre und besonders das letzte, das ich in Dunkelheit und Auflehnung zubrachte, um mir folgendes zu zeigen:

1. Wenn Er sagt, Er wolle bei mir sein alle Tage, dann meint Er das auch so.

2. Ich muß umgeschmolzen werden, damit ich bereit bin, ein Leben des Sieges zu führen.

3. Außer Christus ist der herrlichste Besitz, den ich habe, meine Not.

4. Seine Liebe ist viel größer und schafft viel mehr Neues, als wir begreifen können; wir erfahren sie dann, wenn wir uns nicht mehr auflehnen.

Seit der Krisis ihres geistlichen Lebens sind mancherlei Prüfungen über Eugenia Price gekommen, und das wird auch in Zukunft nicht anders sein. Aber der Heilige Geist wird ihr immer wieder zeigen: „... in dem allen überwinden wir weit durch den, der uns geliebt hat."

Das ist das unbekümmerte Leben: Aus Verwirrung und Dunkelheit führt es hinein in den Segen einer unaufhörlichen Gemeinschaft mit dem starken Sohn Gottes!

Charles G. Trumbull

Das sieghafte Leben

Charles G. Trumbull könnte man, obwohl er im zwanzigsten Jahrhundert lebte, ein Abbild der beiden Hauptpersonen aus Bunyans Pilgerreise nennen: „Kämpfer für die Wahrheit" und „Standhaft". Als Herausgeber der „Sunday School Times" war er ein prominenter Führer der Protestanten, der tatkräftig und entschieden für den Glauben kämpfte, „der ein für allemal den Heiligen übergeben ist". Er war freundlich, zugänglich, höflich und immer rücksichtsvoll und großmütig auch gegen die, mit denen er um der Wahrheit willen nicht übereinstimmen konnte. Vor allem war Trumbull ein lebendiges Beispiel für einen Menschen, der ein siegreiches Leben führte, ein Leben, auf das Galater 2,20 zutrifft: „Ich lebe; doch nun nicht ich, sondern Christus lebt in mir. Denn was ich jetzt lebe im Fleisch, das lebe ich in dem Glauben des Sohnes Gottes, der mich geliebt hat und sich selbst für mich dargegeben."

So durchschlagend und überzeugend war die Umwandlung, die Dr. Trumbull durch den in ihm wohnenden Heiland erfuhr, daß er überall durch Wort und Tat und Schrift ein Zeugnis ablegte von dem „Leben, das Christus ist".

Wer Dr. Trumbull in seinen späteren Jahren kannte, sieht in der Erinnerung einen unbekümmerten, fröhlichen, dabei aber bescheidenen, ernsten und geisterfüllten christlichen Journalisten und Führer vor sich. Für ihn war das Leben, das in Christus bleibt und alle seine Quellen in dem auferstandenen Heiland hat, keine Einbildung oder Phantasie, sondern wundervolle Wirklichkeit.

Glücklicherweise ist uns in der kleinen Streitschrift „The Life That Wins" („Das siegreiche Leben") ein persönliches Zeugnis von Dr. Trumbull erhalten geblieben, das er auf einer Konferenz in St. Louis im Jahre 1911 ablegte.

„Es gibt nur ein siegreiches Leben, und das ist das Leben Jesu Christi. Jeder kann dieses Leben haben, jeder kann dieses Leben leben.

Das bedeutet nicht, daß jeder wie Christus sein kann. Es bedeutet auch nicht, daß ein Mensch immer Christi Hilfe und Seine Kraft erhalten wird; es bedeutet sehr viel mehr. Und es bedeutet nicht, daß ein Mensch nur von seinen Sünden gerettet und vor dem Sündigen bewahrt werden kann. Es bedeutet sogar noch mehr als diesen Sieg."

Die Erfahrung Dr. Trumbulls ist auch die anderer Gottesmänner, die erkannt haben: „... Christus lebt in mir. Denn was ich jetzt lebe im Fleisch, das lebe ich im Glauben an den Sohn Gottes." Dabei geht es zuerst durch Versagen. Dann kommt das Gefühl der Unzulänglichkeit und Schwäche. Und danach die Gewißheit, daß Jesus in uns wohnt. Dieses Geheimnis ist so einfach, daß die meisten Christen darüber stolpern oder sich dessen gar nicht bewußt werden.

Dann folgt eine entscheidende Begegnung mit dem Herrn Jesus und die Übergabe des Herzens und Willens an Ihn. Das führt in das „Leben, das Christus ist". Danach zeigt sich die Frucht eines solchen Lebens, das von Dr. Trumbull und vielen anderen mit den „Strömen lebendigen Wassers" verglichen wird, von denen der Herr Jesus in Johannes 7,38 spricht.

Ganz offen erzählte Dr. Trumbull von den Gewissensnöten, die er in seinem Leben hatte. Zuerst merkte er die großen Schwankungen in seinem geistlichen Leben. Manchmal befand er sich in enger Gemeinschaft mit dem Herrn, dann wieder erlebte er schwere Niederlagen. Es gab Zeiten des Aufschwungs, vielleicht durch eine aufrüttelnde Predigt oder ein geisterfülltes Buch. Dann aber kam wieder ein Absturz. Er sagte: „Manchmal gingen mir durch ein einziges Versagen in einer Versuchung oder durch ein allmähliches Abgleiten meine besten Erkenntnisse und Einsichten verloren. Ich fand mich dann selbst auf der niedrigsten Stufe wieder. Doch glaubte ich, daß es möglich sein müßte, auf einer höheren Stufe enger Gemeinschaft mit Gott zu leben, so wie ich es bei bestimmten anderen Leuten sah."

Eine zweite Schwierigkeit war das „Versagen durch Gewohnheitssünden". Auf bestimmten Gebieten konnte er überwinden, auf anderen wieder nicht. Trotz ernsten Gebets um Befreiung erlebte er keinen bleibenden Sieg.

Das dritte, was ihm fehlte, war „eine durchschlagende, überzeugende geistliche Kraft, die im Leben anderer Menschen wunderbare Veränderungen hervorbringen konnte". Er war ein aktiver Christ und hatte viele Pflichten und Aufgaben. Er mußte jedoch bekennen: „Ich arbeitete zwar – ich tat sogar die schwerste Arbeit, die es gibt: Ich sprach mit den einzelnen Menschen persönlich darüber, daß sie sich dem Heiland übergeben sollten. Aber ich sah keine Erfolge."

Diesen Mangel an Frucht entschuldigte er mit der alten Ausrede, die oft vom Feind der Seelen gebraucht wird. daß man ja die Erfolge nicht sehen und abschätzen könne; wenn man nur das Seinige täte, könnte man alles übrige dem Herrn überlassen. Aber solche vernunftgemäßen Entschuldigungen geistlicher Unfruchtbarkeit ließen ihn unbefriedigt.

Dr. Trumbull kannte den Herrn Jesus als seinen persönlichen Erlöser. Er hatte bestimmt einen gesunden Glauben und war eifrig im Dienst für Christus. Er versuchte den Hunger seines Herzens zu stillen und entschuldigte die Erfolglosigkeit seiner Arbeit mit seiner orthodoxen Anschauungsweise von der Person und dem Werk des Erlösers.

Aber sein Hunger wuchs, als er einen Prediger über Epheser 4,12.13 sprechen hörte, insbesondere über die Worte: „... bis daß wir alle hinankommen zur Einheit des Glaubens und der Erkenntnis des Sohnes Gottes, zur Reife des Mannesalters, zum vollen Maß der Fülle Christi."

Dr. Trumbull erklärte: „Als ich das hörte, war ich bestürzt. Ich konnte ihm in seinen Ausführungen nicht folgen. Das ging über meinen Verstand. Er sprach über Christus und erklärte Christus in einer Weise, die mir, offen gestanden, völlig unbekannt war." Noch mehr wuchs sein Hunger, als er einen anderen Gottesmann kennenlernte, der in der ständigen Gegenwart des Heilands froh und glücklich war. Den Höhepunkt erreichte seine Not auf der Weltkonferenz in Edinburgh im Jahre 1910. Voller Verlangen ging er dort in einen Vortrag über „Die Quellen des geistlichen Lebens". Er erzählte darüber:

„Ich hatte erwartet, daß uns der Redner eine Reihe bestimmter Dinge nennen würde, die wir tun müßten, um unser geistliches Leben zu stärken und zu festigen. Das brauchte ich. Doch schon seine ersten Worte zeigten mir meinen Irrtum. Was er aber sagte, ließ mein Herz vor Freude springen. Es war etwa dies: ‚Die Quellen des geistlichen Lebens, meine Freunde, sind nur – Jesus Christus.'"

Das war alles. Aber das war genug!

Die Krisis des geistlichen Lebens trat bei dem treuen Gottesmann in jenem Sommer beim Besuch einer Jugend-Missionskonferenz ein. Dort hatte er eine Woche lang täglich einen Dienst zu tun, dem er nach seinen eigenen Worten hoffnungslos ungeschickt und unfähig gegenüberstand. Gott fügte es so, daß ein Mitarbeiter den ersten Vortrag über das „Wasser des Lebens" nach Johannes 7,37.39 hielt. Trumbull hörte wieder, daß die „Ströme lebendigen Wassers" im Leben eines Christen nicht unterbrochen, sondern unaufhörlich und unaufhaltsam fließen sollten.

„Am Sonntagmorgen", so erzählt er selbst, „war ich allein in meinem Zimmer. Ich bat Gott, mir den Weg zu zeigen, wie ich Christus besser und völliger erfassen könnte als bisher. Ich wollte Ihn so begreifen wie andere Menschen, von denen ich gehört hatte. Wenn ich eine solche Erkenntnis noch brauchte, so sollte Er sie mir schenken. Ich hatte die Abschrift einer Predigt, die ich gehört hatte, bei mir: ‚Christus ist mein Leben.' Ich stand von den Knien auf und las sie durch. Dann betete ich wieder. Und Gott gab mir in Seiner unendlichen Geduld und Liebe, um was ich bat. Er gab mir einen neuen Christus – völlig neu in der Erkenntnis und Auffassung.

Was hatte sich verändert? Das ist schwer in Worte zu fassen. Und doch ist es etwas ganz Neues und Reales, das in meinem Leben und im Leben anderer Wunder wirkt.

Zunächst merkte ich zum ersten Mal, daß die vielen Hinweise im Neuen Testament auf ‚Christus in euch', ‚ihr in Christus', ‚Christus unser Leben', ‚in ihm bleiben' keine Redensarten sind, sondern buchstäbliche, wirkliche, segensreiche Tatsache. Wie war jetzt das 15. Kapitel des Johannes-Evangeliums mit dem neuen Leben erfüllt! Und auch die Verse 14-21 im 3. Kapitel des Epheserbriefes! Und Galater 2,20 und Philipper 1,21!"

Dr. Trumbulls Glaube gründete sich nicht mehr nur auf den Christus, der am Kreuz für unsere Sünden gestorben ist, sondern auch auf den Heiland, der in den Gläubigen wohnt. „Zuletzt erkannte ich", so sagte er, „daß Jesus Christus tatsächlich und buchstäblich in mir war; und noch mehr als das: daß Er mein ganzes Leben in Besitz genommen und sich mit mir vereinigt hatte. Trotzdem war ich eine selbständige Persönlichkeit, die ihre Eigenart, ihren freien Willen und ihre volle moralische Verantwortung behielt. Das bedeutete: Ich brauchte Ihn niemals wieder zu bitten, mir zu helfen, so als ob Er und ich zwei verschiedene Personen wären. Ich brauchte nur ganz einfach Sein Werk und Seinen Willen auszuführen, die Er in mir und mit mir und durch mich tun wollte …

Jesus Christus hatte mein Leben selbst in Besitz genommen – ich wiederhole: buchstäblich und tatsächlich."

Der an Christus Gläubige lernt „das sieghafte Leben" an sich selbst kennen, weil er ein wirklich tiefes Erlebnis mit dem auferstandenen Herrn gehabt hat und weil er sich beständig auf Ihn als den Lebendigen verläßt. Dr. Trumbull erfuhr, daß zwei einfache Bedingungen nötig sind, damit der Strom dieses Lebens fließen kann. Die erste Bedingung, nachdem man den Herrn Jesus als persönlichen Retter angenommen hat, ist eine uneingeschränkte und vorbehaltlose Übergabe an den Erlöser als den Herrn und Meister des Lebens, koste es, was es wolle. Die zweite Bedingung ist der von jedem Gefühl und jedem direkten Beweis unabhängige, schlichte Akt des Glaubens, daß Gott die Seele, die Ihm vertraut, vom Gesetz der Sünde ganz frei machen kann. Und woran erkennt man beim Gläubigen, daß Christus sein Leben ist? Lassen wir Dr. Trumbull selbst sprechen:

„Die drei großen Mängel oder Nöte, von denen ich sprach, sind auf wunderbare Weise beseitigt worden.

1. Es bestand nun eine Gemeinschaft mit Gott, die völlig anders und unendlich viel besser war als alles, was ich jemals gekannt habe.

2. Seit ich mich auf Christus verließ, lernte ich eine gänzlich neue Art des Sieges kennen, eine Freiheit über bestimmte Gewohnheitssünden – über die alten Sünden, die mich immer hemmten und zu Fall brachten.

3. Durch die geistlichen Erfolge im Dienst wurde mir eine solche himmlische Freude zuteil, wie ich sie auf Erden niemals für möglich gehalten hätte.

Sechs meiner engsten Freunde, von denen die meisten gereifte Christen waren, wurden bald völlig durch Christus umgestaltet, weil sie sich auf diese neue Art an Ihn festklammerten, bis sie ganz von Gottes Geist erfüllt waren ... Das Leben wimmelt von Wunderbeweisen dafür, was Christus durch einen Menschen tun kann, der sein Herz aufschließt, damit Er in ihm Wohnung machen kann.

Jesus Christus will nicht unser Helfer, Er will unser Leben sein. Er will nicht, daß wir für Ihn arbeiten, sondern daß wir Ihn Sein Werk durch uns tun lassen, indem Er uns gebraucht, wie wir einen Bleistift zum Schreiben gebrauchen – besser noch: indem Er uns als einen Finger Seiner Hand gebraucht."

Das ist sieghaftes Leben. Und durch dieses Leben konnte Dr. Trumbull viele andere zu einem Leben des Sieges führen. Sehr passend wählte „Victorious Life Testimony" als Grabschrift für ihn die Worte aus Philipper 1,21: „Christus ist mein Leben."

W. Ian Thomas

Das abenteuerliche Leben

Gott macht das Leben mancher Christen zu einem abenteuerlichen Leben. So war es bei Major W. Ian Thomas aus England. An dem Major war „jeder Zoll ein Soldat". Er diente zu Beginn des Zweiten Weltkrieges mit seinem Infanterie-Bataillon im britischen Expeditionsheer in Belgien und nahm an der Evakuierung Dünkirchens teil. Während des langen Krieges war er dann oft im Einsatz in Frankreich, Italien, Griechenland und anderswo, und überall hatte er an dem Herrn Jesus volle Genüge. Er war zugleich auch ein Soldat des Kreuzes, der dem Herzog unserer Seligkeit die Treue hielt, und er hat es erfahren, daß das Leben ein Abenteuer mit und für Gott ist, ein Triumphzug mit Christus.

Er wuchs in einem ehrbaren Elternhaus des englischen Mittelstandes auf, wurde von den Eltern mit zur Kirche genommen und in den kirchlichen Geboten und Vorschriften unterrichtet. Fast gar nichts aber lernte er zu Hause oder in der Kirche aus der Bibel.

Im Alter von zwölf Jahren wurde er von einem dreizehnjährigen Jungen, der gerade Christus als seinen Heiland angenommen hatte, zu einer Bibelstudiengruppe der Crusaders' Union eingeladen. Die Bibel begann für den jungen Ian Sinn und Bedeutung zu bekommen, und im folgenden Sommer bekehrte er sich auf einem Crusaders'-Union-Treffen zu Christus. Diese Entscheidung traf er ganz allein, indem er einfach mit ganzem Ernst betete: „Herr Jesus, bitte, sei mein Heiland!"

Mit fünfzehn Jahren war er davon überzeugt, daß er sein ganzes Leben dem Dienst für den Herrn Jesus weihen müßte. Er sagte Gott, daß er Missionar werden wollte, und begann schon in diesem frühen Alter im Freien zu predigen. Er half in der Sonntagsschule und auch in der Bibelklasse. Er war rastlos tätig.

Im Jahre 1956 hielt Major Thomas eine Woche lang Versammlungen im Wheaton-College in Wheaton, Illinois. Er teilte den Studenten seine Erfahrungen mit, sagte ihnen, was Jesus Christus ihm bedeutete, und erzählte ihnen von seinen ersten Jahren unaufhörlicher, aber fruchtloser Tätigkeit.

Er sprach davon, wie er es sich als junger Mann überlegt hatte, zu welcher Zeit er am besten Missionar werden und welche Mittel er anwenden könnte, um den größten Erfolg zu erzielen. Er nannte das „völlig berechtigte und ehrliche Erwägungen". Den ersten missionarischen Einfluß auf das Leben des jungen Ian gewann ein Arzt, der in Nigeria in der „Housa Band" Dienst tat. Von dieser Begegnung war er stark beeindruckt und schloß sich daher eines Tages der Housa Band an. Er hielt es für das beste, Arzt zu werden. „Meine Eltern waren sehr, sehr gut zu mir", erzählte er, „und sie ließen mich selbst meinen Beruf wählen. So ging ich im Alter von siebzehn Jahren auf die Londoner Universität, um am Bartholomäus-Krankenhaus zu studieren." Auf der Universität wurde Ian Leiter in der Inter-Varsity-Fellowship-Gruppe, einer missionarisch ausgerichteten christlichen Studentenbewegung. Wenn irgendwo eine Evangelisation abgehalten wurde, war dieser jugendliche Eiferer dabei, an jedem freien Tag, jeden Augenblick, den er erübrigen konnte. Er rief einen Slum-Club im Osten Londons ins Leben. „Aus dem reinen Wunsch heraus, Seelen zu gewinnen", sagte er, „war ich dauernd wie eine Windmühle in Bewegung, bis dann jeder Augenblick des Tages mit Pflichten vollgepackt war. Mit neunzehn Jahren mußte ich predigen, Vorträge halten, Ratschläge erteilen."

Der Major erzählt darüber selbst: „Das einzige, was mich beunruhigte, war, daß niemand bekehrt wurde! Das war doch allmählich ziemlich entmutigend, nicht wahr? Je mehr ich tat, desto weniger geschah. Die Aussichten und Umstände waren zwar gut, auch Munition und Zielscheiben waren genug da, und doch geschah nichts! Ich war sehr deprimiert, weil ich den Herrn Jesus wirklich von ganzem Herzen liebte. Ich wollte so gern ein Segen für meine Mitmenschen werden. Aber obwohl ich hierhin rannte und dorthin jagte, an diesem Evangelisationsfeldzug teilnahm, an jenem Feldzug teilnahm, am Morgen predigte, am Abend predigte, zur Bibelklasse prach, vor dem einen ein Zeugnis ablegte, dem anderen einen Rat erteilte – mußte ich feststellen, daß nichts geschah, nichts, gar nichts, was die völlige Unfruchtbarkeit, die Leere, die Nutzlosigkeit meiner Anstrengungen ins Gegenteil verkehrt hätte. Ich versuchte, mit viel Lärm und Geschrei zu ersetzen, was mir an Erfolgen und Durchschlagskraft fehlte.

So geriet ich in einen Zustand völliger geistlicher Erschöpfung. Ich fühlte, daß es so nicht weitergehen konnte. Und so sagte ich mir, daß es bestimmt auch zwecklos wäre, als Missionar nach Afrika zu gehen. Denn wenn es dabei auf Energie und Ernst, auf Eifer und Leistung ankam – damit hatte ich ja Bankrott gemacht. Ich wußte mir keinen Rat. Ich hatte keine Lust, nach Afrika zu gehen und mich dort als ebenso unbrauchbar zu erweisen wie in England. Es geht keine magische Veränderung mit einem vor, wenn man ein Schiff besteigt, die geographische Position wechselt, ein paar Shorts anzieht und einen Tropenhelm aufsetzt! Dadurch wird man nicht über Nacht zum Seelengewinner. Bilde dir ja nicht ein, daß du auf dem Missionsfeld mehr Erfolg haben wirst als in deiner Heimatstadt. Im Gegenteil, du wirst erleben, daß es dort tausendmal schwieriger ist!

An einem Novembertag jenes Jahres war es dann, als ich um Mitternacht in meinem Zimmer auf die Knie ging und vor Verzweiflung nur weinen konnte. Ich betete: ‚O Gott, ich weiß genau, daß ich errettet und bekehrt bin. Ich liebe Jesus Christus. Und ich wollte dir mit meinem ganzen Herzen dienen. Ich habe mein Äußerstes versucht, aber ich bin ein hoffnungsloser Versager! Ich weiß nicht mehr, was ich tun soll, ich bin am Ende. Ich werde nicht Missionar. Es ist zwecklos für mich, diesen Plan weiterzuverfolgen. Ich hasse dieses Doppelleben!'

In dieser Nacht geschah etwas. Ich kann ehrlich bezeugen, daß ich die Botschaft, die ich bekam, niemals aus dem Munde von Menschen gehört habe. So etwas habe ich auch noch nie gelesen. Gott ließ in dieser Nacht die Botschaft ‚Christus ist mein Leben' einfach auf mich einstrahlen und wirken. Es war der Augenblick, auf den Er gewartet hatte. Sieben lange Jahre hatte Er geduldig zugesehen, wie ich in der Wüstenei umherlief! Er hatte auf die Stunde gewartet, wo ich schließlich in hoffnungsloser Verzweiflung zusammenbrechen würde. Ich hörte Seine Stimme: ‚Christus ist mein Leben' … ‚Ich bin der Weg, die Wahrheit und das Leben' … ‚Denn wenn wir mit Gott versöhnt sind durch den Tod seines Sohnes, als wir noch Feinde waren, um wieviel mehr werden wir selig werden durch sein Leben, nachdem wir nun versöhnt sind!' … ‚Wenn aber Christus, unser Leben, sich offenbaren wird, dann werdet ihr auch offenbar werden mit ihm in Herrlichkeit.'

Leben! Neues Leben! Christus ist mein Leben! Aus allen Teilen des Neuen Testamentes hörte ich das. Und durch meine Tränen hindurch gab mir der Herr in jener Nacht sehr gütig und liebevoll zu verstehen: ‚Sieh, sieben lange Jahre hast du mit ganzer Aufrichtigkeit versucht, für mich und um meinetwillen zu leben. Ich bin die ganze Zeit über dagewesen. Alles, wofür du dich eingesetzt hast, alles, worum du gebeten hast, ist schon seit dem Tage vor sieben Jahren dein gewesen, als ich auf dein Gebet hin in dein Herz kam. Aber obwohl du verstandesmäßig von der Wahrheit, daß ich in deinem Herzen gewohnt habe, überzeugt warst und das in der Theorie anerkannt hast, hast du so gelebt, als ob es nicht so wäre. Du hast versucht, alles, was nur ich durch dich tun kann, selbst für mich zu tun. Wenn du aber die Tatsache anerkennst, daß ich dein Leben bin, dann bin ich auch deine Stärke. Du hast sieben Jahre lang darum gebetet und gefleht. Wenn du es willst, bin ich dein Sieg auf jedem Gebiet deines Lebens! Ich bin der Eine, für den es vollkommen natürlich ist, hinzugehen und Seelen zu gewinnen. Und ich weiß genau, wo sie zu finden sind. Warum verläßt du dich nicht einfach auf mich und sagst: ‚Ich danke dir'?"

In jener Nacht, und zwar im Zeitraum einer Stunde, entdeckte Ian Thomas das Geheimnis des abenteuerlichen Lebens.

Er erzählt weiter: „Ohne daß ich einen Anhalt oder ein Zeugnis eines anderen Christen über diese Wahrheit hatte, sagte ich in dieser Nacht einfach zu dem Herrn Jesus: ‚Gut, auf dein Wort hin will ich's wagen! Wenn das wahr ist, was du sagst, dann will ich dir in blindem Vertrauen dafür danken, ohne irgendeinen Beweis und ohne etwas anderes hinter mir als eine Geschichte des Versagens! Wenn du mein Leben bist – und das bist du –, dann will ich dir danken, daß du auch mein Sieg, meine Kraft, meine Macht, meine Zukunft bist! Du bist der, der in mir wohnt und der jetzt alles tut, was ich in den letzten sieben Jahren so erfolglos selbst hatte tun wollen!'

Dann ging ich schlafen. Als ich am nächsten Morgen aufstand, begann für mich ein ganz neues Leben. Aber ich möchte dabei folgendes betonen: Ich hatte kein Jota mehr empfangen, als was ich nicht schon sieben Jahre lang gehabt hatte! Die ganzen sieben Jahre hatte Jesus mir schon gehört. Er war für alle meine Not dagewesen, und ich war durch Ihn mit allerlei geistlichem Segen in himmlischen Gütern gesegnet worden. Aber an jenem Morgen ging ich mit einem neuen Lied im Herzen nach der Universität. Ich betete: ‚Herr Jesus, ich danke dir, daß zum ersten Male in meinem Leben ein Tag ganz dir gehört, es ist dein Tag! Ich brauche mich nun nicht mehr länger damit herumzuquälen, wie ich mit meinem Leben fertigwerden soll. Schließlich habe ich ja jetzt einen mächtigen Herrscher, der mein Leben regiert!'

Ich kann mich erinnern, daß ich mir auf dem Wege zur Universität Gedanken über die Versammlung machte, die ich am folgenden Sonntag halten sollte. Es handelte sich um eine Jungenklasse, und ich sagte: ,Nun, Herr, du willst zu diesen Jungen sprechen, das ist wundervoll. Gestern dachte ich noch, ich wollte es tun, nun aber tust du es! Ich danke dir, lieber Herr, für die Jungen, die du retten willst.' Ich wußte nicht, wieviel Jungen in jener Bibelklasse waren, aber ich machte mir schon die kühnsten Träume. Vielleicht werden sich dreißig bekehren, dachte ich. Das wäre nicht schlecht für den Anfang! Und zum ersten Mal in meinem Leben werde ich die Jungen zum Schluß der Versammlung auffordern, zu mir zu kommen, wenn sie Jesus Christus als ihren Heiland annehmen wollen! Bisher hatte ich das noch nie getan, und zwar aus einem sehr einfachen Grunde: Ich hatte gar nicht erwartet, daß sie kommen würden, und ich wollte mich selbst nicht lächerlich machen! Jetzt dachte ich: Herr Jesus, diesmal ist es anders!

Ich ging am folgenden Sonntag los und traf ungefähr neunzig Jungen an. Ich sprach ganz schlicht über den Herrn Jesus und sagte am Schluß: ,Wenn einer von euch heute nachmittag Jesus als seinen Retter annehmen will, so braucht er es mir hinterher nur zu sagen.' Dreißig Jungen kamen und sagten es mir! Ich wußte kaum, was ich mit ihnen anfangen sollte, aber ich tat, was ich tun konnte, und ich glaube, Gott erfüllte trotz meiner Unbeholfenheit den Wunsch ihres Herzens!

Natürlich war das eine ungeheure Freude für mich. Und das geschah nun Tag für Tag, ganz gleich, was für eine Versammlung es war. Als ich an jenem Dienstagmorgen nach der Universität ging, ging ich in ein neues Land. Das war Kanaan! Ich hatte noch keine Vorstellung von

Kanaan gehabt. Ich schritt einfach in blindem Vertrauen vorwärts. Ich war wie ein Fallschirmspringer, der nur die Leine zog und ins Nichts hineinsprang. Nun hatte ich eine Vorstellung! Eine, die mein Vertrauen für den nächsten Schritt nach Kanaan hinein stärkte!

Bei den nächsten Zusammenkünften dachte ich: Gut, das letzte Mal hatte ich Erfolg, wenn ich dessen auch zuerst nicht ganz sicher war; und so will ich wieder mit Ihm rechnen. Ich dankte dem Herrn wieder für die Menschen, die gerettet werden würden, ich lud wieder zur Nachversammlung ein, und wieder bekehrten sich etliche. Wenn ich Leute auf der Straße ansprach, schien ich immer an die richtigen zu kommen! Das ist eine wunderbare Sache, dachte ich; sieben Jahre bin ich immer an die falschen Leute geraten, und jetzt treffe ich unweigerlich auf die richtigen! Fünf Wochen lang bekehrten sich fast jeden Tag Menschen."

Seine christlichen Freunde begannen zu merken, daß im Leben des jungen Dieners Gottes etwas anders geworden war. Es begegneten ihm Christen, die so müde und erschöpft waren, wie er es früher gewesen war. Ihnen konnte er von dem Geheimnis des Leben sagen, in dem es keine Depressionen und Enttäuschungen mehr gibt. Auch sie entdeckten wie er, daß die Fülle des Lebens in Christus selbst ist, in Ihm allein.

„Nach fünf Wochen machte es mir Gott ganz klar", so erzählte er weiter, „daß Er mir noch mehr zu sagen hatte. Er hatte gerade begonnen, meinen Appetit anzuregen. Er sagte zu mir: ‚Das ist mein Leben. Und du weißt sehr gut, daß es nichts mit dir zu tun hat! Es ist keine neue Methode. Es ist auch keine neue Technik, die du gelernt hast. Es ist einfach mein Leben: Du bist, was ich bin, und tust, was ich dich heiße. Du mußt dir jetzt klarmachen: Du kannst nicht mein Leben für deine Pläne in Anspruch nehmen! Du kannst damit nur meine Pläne ausführen! Und das nächste, was du dir vor Augen halten mußt: Nach meinen Plänen wirst du nicht Arzt und gehst auch nicht als Missionar nach Afrika. Ich mache dir deshalb keinen Vorwurf, dein Plan war gut gemeint. Aber ich möchte, daß du die Universität jetzt verläßt. Die Wahrheit, die du erkannt hast, ist so kostbar, daß ich dich hin und her durch die Britischen Inseln senden werde, damit du den Menschen davon erzählen kannst. Es gibt unter den Christen eine Menge hungriger Menschen, wie du auch einer warst, die auf einen ‚Anstoß' warten, und daneben gibt es eine Menge unbekehrter Leute."

So führte Gott Seinen treuen und gehorsamen Diener Schritt für Schritt auf Wege, die er weder voraussehen noch sich selber wählen konnte, aber es waren Wege des Dienstes für Ihn, außerordentlich befriedigend und immer abenteuerlich. Statt Medizin zu studieren und auf dem Missionsfeld zu wirken, sah er nun seine Aufgabe darin, in ganz Britannien und besonders unter den jungen Menschen zu evangelisieren. Bevor der Zweite Weltkrieg ausbrach, verkündete er sechs Jahre hindurch in immer größerem Ausmaß das Geheimnis des Lebens, das Christus ist. Major Thomas bezeugt: „Es war Sein Sieg. Es ging um Ihn allein. Ich fand heraus, daß Er um so mehr Segen schenkte, je einfacher ich das Wort verkündete. Versuchte ich aber, kompliziert oder gelehrt zu sprechen, versagte Er den Segen. Nur wenn ich Ihm alles überließ, erlebte ich, daß Er etwas unternahm. Sobald ich mich aber in eine Sache einmischte, zog Er sich zurück. So lernte ich es bald, mich ganz auf Ihn zu verlassen, weil dann etwas geschah! Das ist das Geheimnis; es ist so einfach! Nur alles dem Herrn Jesus überlassen und selbst die Hände davonlassen – sich zurückhalten und sagen: Ich danke dir, Herr, es ist deine Sache!

Das bedeutet nicht Untätigkeit, es ist alles andere als das – es ist einfach ‚Christus-Tätigkeit'. Allein seit dem Kriege bin ich eine viertel Million Meilen gereist. In diesem Jahr werde ich nur vier von den zwölf Monaten zu Hause sein, und ich habe eine Frau und Kinder, die ich liebe. Es ist mir im vergangenen Jahr eine große Freude gewesen, daß ich außer in Großbritannien auch in Norwegen und Dänemark, in Deutschland, Österreich, der Schweiz, den Vereinigten Staaten und Kanada habe predigen dürfen. Es ist nicht Untätigkeit, es ist einfach Seine Tätigkeit; und das ist der Unterschied. Wenn es nicht unsere Tätigkeit, sondern die Seine ist, kann man zehnmal mehr arbeiten als die meisten Menschen, ohne dabei zusammenzubrechen. Die meisten brechen nur deshalb zusammen, weil sie all ihre Lasten und Probleme selbst tragen und sie sogar mit in den Schlaf hineinnehmen. Nervöse Überanstrengung kommt davon, daß man die Verantwortung für Dinge auf sich nimmt, die gar nicht für einen bestimmt sind. Ruhe in Ihm! Das ist eine wundervolle Ruhe. Solange es Seine Tätigkeit bleibt, kann ich zwei- oder dreimal in der Woche die Nacht hindurch arbeiten und fühle mich dann doch noch frischer als viele andere Leute."

Inmitten aller Arbeit Ruhe im Herzen zu haben, das ist das abenteuerliche Leben mit Christus. Daß dieses Leben für uns Wirklichkeit wird, hängt ganz davon ab, ob wir die unversiegbaren Quellen in Anspruch nehmen, die in Christus sind. An junge und alte Menschen hat Major Thomas die ernste Aufforderung gerichtet: „In Christus ist alles vorhanden, und der ganze Christus ist euer. Ihr dürft wissen, daß Gott einen ganz bestimmten Platz für euch hat, und das ist der richtige Platz in Seinem vollkommenen Plan. Wenn ihr euch Ihm noch nicht ausgeliefert habt, so tut es jetzt und sagt: ‚Herr Jesus, wie herrlich, daß du genau weißt, was du durch mich getan haben willst! Du hältst all die schönen Fäden bereit, die in das von dir geplante Muster eingewebt werden sollen. Jetzt gehöre ich dir! Damit du in mir und durch mich leben kannst, will ich nichts anderes planen und nicht anders leben als so, wie du es für mich vorgesehen hast. Ich weiß jetzt, daß alles gut für mich ist, für Zeit und Ewigkeit."
Eine solche Übergabe kann dir die Tür zu einem abenteuerlichen Leben mit Gott öffnen!

Persönlicher Epilog

Wahre Gemeinschaft ist eins der höchsten Güter des Lebens. Ein Lebensgefährte ist mehr als ein Freund. Er teilt zum Wohle des anderen selbstlos und vorbehaltlos das Leben und den Lebensunterhalt mit ihm.

Der Herr Jesus sagt: „Siehe, ich bin bei euch alle Tage bis an der Welt Ende!" Wenn man sich auf dem Lebensweg Seiner Gegenwart bewußt ist, wenn man weiß, daß Er unsere Freuden und Sorgen teilt, wenn man Ihm vertraut, daß Er uns in all unseren Nöten helfen kann, dann bekommt man die Ruhe und Zuversicht, die für ein geisterfülltes Leben unerläßlich sind.

Was ein Leben in der Gemeinschaft mit dem Herrn Jesus bedeutet, erlebte ich in besonderer Weise in drei Krisen.

Als ich zum ersten Mal Seine Gegenwart verspürte, hatte ich noch sehr wenig christliche Erfahrung. Das war während meiner Soldatenzeit im Ersten Weltkrieg. Nach dem Waffenstillstand marschierte meine Truppe mit anderen amerikanischen Einheiten am 11.11.1918 ostwärts durch Frankreich, Luxemburg und Belgien ins Rheinland. Tagelang ging es durch Regen, Schmutz und Schnee. Die Wagenkolonnen konnten mit der Infanterie nicht Schritt halten, und so wurden die Lebensmittel knapp.

Als wir über den Rhein setzten, um einen Brückenkopf zu bilden, war ich völlig erschöpft und krank. Endlich erreichten wir unseren Bestimmungsort und wurden in einem baufälligen, ungeheizten Gebäude einquartiert, in dem russische Gefangene gehaust hatten. Es war bitterkalt, und der Schnee lag hoch. Aber so miserabel auch unsere Unterkünfte waren, so freuten wir uns doch, daß die Eilmärsche, wenigstens für eine Zeitlang, vorüber waren und daß wir am Ende jedes Manövertages wieder in unsere Quartiere zurückkehren durften.

Eines Mittags, gerade vor Weihnachten, kam ein Meldegänger mit einem Befehl vom Hauptquartier an den Feldwebel, daß er sofort fünf Mann zur C-Kompanie abzustellen hätte. Wir gehörten zur B-Kompanie der 28. Infanterie-Division. Keiner von uns wußte, wo die C-Kompanie lag, und es hatte auch keiner Lust, sich darum zu kümmern. Ich versuchte, mich so klein wie möglich zu machen, aber da brüllte auch schon der Feldwebel: „Edman, Sie übernehmen das Kommando!" Es wurden mir vier Mann zugewiesen, und ich erhielt den Befehl, sofort aufzubrechen.

Während die anderen ihre paar Habseligkeiten zusammenpackten, schlüpfte ich in ein anstoßendes Zimmer, einen winzigen kleinen Raum, der den Russen als eine Art Schankraum gedient hatte. Dort kniete ich vor einer Bank nieder und betete: „Herr, ich kann nicht gehen. Ich bin so krank und erschöpft, ich habe eine schlimme Halsentzündung und Fieber. Und ich weiß auch nicht, wo die C-Kompanie liegt!"

Ich war noch jung in meinem Glauben an den Herrn Jesus, und ich spürte zum ersten Male in meinem Leben die Gegenwart eines Unsichtbaren neben mir. Ich konnte nichts sehen oder fühlen, und doch wußte ich, Christus war da und sagte zu mir: „Ich will mit dir gehen."

Mit einer Kraft und einer unerklärlichen Ruhe, die mir Seine Gegenwart vermittelt hatte, erhob ich mich. Ich erhielt vom Oberfeldwebel meine Anweisungen für die C-Kompanie, schulterte mein Gepäck und übernahm die kleine, mir zugeteilte Schar. Wir stapften den ganzen Nachmittag durch tiefen Schnee und erreichten bei Einbruch der Nacht das Dorf Boden. Dort wurden wir nicht in einer Gefangenenbaracke, sondern in einem Privathaus einquartiert. Als die gute Mutter des Hauses merkte, daß ich krank war, bestand sie darauf, daß ich statt in dem uns Soldaten zugewiesenen ungeheizten Raum in einem Federbett oben im Haus schlief. Ein Federbett und die Sorge einer Mutter! Und das Beste von allem: die innere Gewißheit, daß der Herr Jesus durch Seinen Geist bei mir war!

Die zweite größere Krisis trat fünf Jahre später ein. Damals hatte ich gerade mein College-Studium beendet und mit meiner jungen Frau einen schönen Missionsdienst in den Anden von Ecuador begonnen. Als wir kaum ein Jahr verheiratet waren, bekam ich Typhus und wurde von den Ärzten aufgegeben. Ich wußte, ich lag im Sterben.

Wie kann ein Mensch das wissen? Er hat es doch noch nie vorher erlebt, und es ist auch noch niemand zurückgekommen, der es uns erzählt hätte. Trotzdem wußte ich, daß ich im Sterben lag.

Ich war mir dessen, was um mich herum vorging, nicht bewußt. Ich erinnerte mich auch nicht daran, daß ich ein paar Tage vorher in kleinen Eingeborenendörfern in den Anden gewesen war, um den Kindern der Inkas zu helfen, die an einer geheimnisvollen Krankheit starben. Ich wußte nichts mehr von der langen, schmerzvollen Reise auf dem Pferderücken die Bergpfade hinunter bis in unser Haus in Riobamba, noch von dem Ausbruch des Typhusfiebers oder den Perioden des Deliriums. Ich erinnerte mich nicht daran, daß dann ein befreundeter Amerikaner zu uns kam, der mich von einigen Indianern zur Eisenbahn tragen ließ, auch nicht an die Tagesreise nach Guayaquil in einem Gepäckwagen.

Meiner Frau war geraten worden, alles für meine Beerdigung vorzubereiten. Sie hatte schon ihr Brautkleid, das sie erst vor einem Jahr getragen hatte, mit Hilfe einer Freundin schwarz gefärbt. Ihre Wirtsleute, die Will Reeds, hatten auf Anraten des Arztes, Dr. Parker, einen Sarg gekauft und eine kurze Trauerfeier um drei Uhr nachmittags festgesetzt (in den Tropen muß die Beerdigung sofort nach dem Tode vorgenommen werden). Alles das wußte ich nicht.

Als ich noch ein Junge war, hatte mir meine Mutter einmal erzählt, daß manche Menschen in den letzten Augenblicken vor ihrem Tode bis in Einzelheiten hinein ihr ganzes Leben an sich vorüberziehen sehen.

Das erlebte ich damals.

Ich sah auf einmal das alte Haus in Illinois vor mir, die Kindheitsgespielen vor meiner Schulzeit; Miss Grace, die erste Lehrerin in der McKinley-Schule, und alle anderen Lehrer, die folgten; und dann die Hochschulfreunde. Auch die Soldatenzeit in Übersee zog an mir vorüber.

Wieso tauchten diese Erinnerungsbilder so klar und deutlich in mir auf? Ich weiß es nicht. Sie waren auf einmal da. Wie ein Film rollte alles vor mir ab, und ich wußte genau: Jetzt muß ich sterben. Als die Bilder verblaßten, fühlte ich mich ganz allein in einer ungeheuer weiten Welt, und ich zweifelte nicht daran, daß ich im nächsten oder übernächsten Augenblick in der Ewigkeit sein würde.

Dann war es, als hielte mich etwas an diesem Ort fest – eine seltsame Atmosphäre umgab mich, ich hatte das Gefühl, als ob noch etwas anwesend wäre. Mir schien, als bedeckte es den ganzen Fußboden des Zimmers und erhöbe sich langsam bis an mein Bett. Ich konnte nicht sehen, ob es Wirklichkeit oder Einbildung war, denn ich konnte meinen Kopf nicht wenden. Aber ich merkte dann, daß es mich erreicht hatte. Im selben Augenblick umgab es mich, umhüllte und bedeckte mich.

Dann wußte ich, was es war. Denn in diesem Augenblick spürte ich die Liebe Gottes in Christus wie nie zuvor in meinem Leben. So überwältigend war diese Liebe, daß das jenseitige Leben unaussprechlich schöner und besser erschien als jeder andere Zustand in diesem gegenwärtigen Dasein. Dann folgten Augenblicke von solch heiliger, enger Gemeinschaft mit Ihm, daß es unmöglich ist, es wiederzugeben. Es mag genügen, wenn ich sage, daß ich keine Furcht mehr vor dem Sterben habe. Der Himmel ist für den, der durch den Glauben an den Herrn Jesus ein Kind Gottes geworden ist, eine Heimat.

Auf diesen Tag, an dem ich so weit in den Strom des Todes hineinschritt, daß ich dem jenseitigen Ufer näher war als dem diesseitigen, folgten ungefähr zwei Wochen, an die ich keine Erinnerung mehr habe. Als ich merkte, daß ich in der Parker-Klinik lag und ecuadorianische Schwestern mich pflegten, daß auch meine Frau mit unserem inzwischen geborenen, jetzt acht Wochen alten Söhnchen bei mir war, da erzählte man mir, was sich im Hintergrund meiner Geschichte abgespielt hatte.

In der Nähe von Attleboro, Massachusetts, war während einer Bibelkonferenz eine kleine Schar morgens beim Bibelstudium beisammen. Da erschien der Konferenzleiter, Reverend E. Joseph Evans aus Newton, und sagte ihnen, daß sich wegen des Missionars in Ecuador eine immer stärker werdende Unruhe und Sorge auf ihn gelegt hätte. Er bat sie, die Last des Gebets mit ihm zu teilen. Während dieser Stunden hatte, ohne daß sie davon wußten, meine Frau ihr Hochzeitskleid schwarz gefärbt und Mr. Reed einen Metallsarg für mich gekauft.

Ich habe später Freunde in New England getroffen, die an jener Gebetsversammlung teilgenommen hatten. Sie erzählten mir, daß sie, selbst wenn sie hundert Jahre leben sollten, niemals vergessen würden, wie sie niedergekniet wären und in heißem Gebet um mich gerungen hätten. Ihr Bitten und Flehen war so dringlich gewesen, daß sie das Mittagessen vergessen hatten. Erst am Nachmittag war ihnen leichter geworden, und sie hatten die bestimmte Gewißheit von oben bekommen, daß ihre Gebete für den 3500 Meilen weit entfernten Missionar erhört worden waren.

Die stärkste Krisis in der Gemeinschaft mit Christus erlebte ich an einem Augustmorgen des Jahres 1928. Ich befand mich damals gerade mit Charles, dem ersten unserer vier Jungen, einem kleinen Kerl von drei Jahren, an Bord des kleinen holländischen Frachters „Boskoop". Das Schiff war nach New York unterwegs und durchpflügte den ruhigen Pazifik in Richtung auf den Golf von Panama.

Ich war ziemlich ratlos. Ich zweifelte nicht daran, daß ich zum Dienst in der Mission berufen war, und ich hatte auch schon fünf glückliche Jahre in Ecuador verbracht. Soweit ich mich selbst kannte, war ich zu jedem Dienst bereit, den Gott mir auftragen würde. Leidenschaftlich sehnte ich mich nach der kleinen Bibelschule, die gerade ein Jahr bestand. Die wenigen Studenten waren mir lieb und teuer.

Wenn ich zurückblickte, konnte ich Gott nur danken, daß Er mich während meiner Krankheit mit dem Schatten Seiner Hand bedeckt hatte. Ich war in das Tal der Todesschatten geraten. Aber Seine Hand hatte nie versagt, Sein Erbarmen war alle Morgen neu gewesen. Ja, meine Körperkraft war durch die lange und schmerzvolle Krankheit sehr geschwächt worden, aber ich freute mich schon auf die Rückkehr nach Ecuador, wo dann gerade das neue Schuljahr begann. Sicherlich würden ein paar Monate in dem kräftigen nördlichen Klima meine Gesundheit völlig wiederherstellen und mir neue Lebenskräfte schenken. Meine Frau war mit dem kleinen Roland, der gerade eineinhalb Jahre alt war, in den Tropen zurückgeblieben und wartete dort auf unsere Rückkehr.

Während der Reise war ich durch meinen körperlichen Zustand meist an die Kajüte gefesselt. Aber ich war trotzdem nicht untätig. Ich hatte viel mit der Vorbereitung der Lektionen zu tun, die ich in meinen Klassen über das Leben und die Briefe des Apostels Paulus halten wollte. Rings um mich verstreut lagen verschiedene Übersetzungen in spanischer und englischer Sprache.

Ich arbeitete am zweiten Korintherbrief und war beim zweiten Kapitel angelangt. Als ich in der amerikanischen Übersetzung von 1901 zum zweiten Abschnitt kam, der bei Vers zwölf beginnt, las ich (Vers 14): „Aber Gott sei gedankt, der uns allezeit Sieg gibt in Christus ..." Bei den Worten „allezeit Sieg gibt in Christus" stutzte ich.

Ich las sie noch mehrere Male, langsam, Wort für Wort und überlegend. Dann nahm ich eine andere Übersetzung zur Hand. Ich las: „Wo immer ich gehe, danke ich Gott, er macht mein Leben zu einem ständigen Siegeszug in Christus."

Einen größeren Gegensatz zwischen diesem Vers und meinem Leben konnte es gar nicht geben! Mein Weg schien in einen undurchdringlichen Dschungel zu führen. Möglicherweise schloß sich eine Tür vor mir. Meine körperliche Kraft nahm ab, so daß mein Leben vielleicht bald zu Ende war. Für Paulus aber war das Leben ein ständiger Siegeszug in Christus! Ich begann darüber von Herzen zu beten: „Lieber Herr, bitte mache mein Leben zu diesem ständigen Siegeszug, gib mir allezeit Sieg in dir!"

Die Antwort auf dieses Gebet verwunderte mich. Mit leiser Stimme fragte mich der Heilige Geist: „Bist du willens, für mich überallhin zu gehen?"

Überallhin?

Vielleicht, so dachte ich, verlangt der Herr der Ernte von mir, daß ich die neue kleine Bibelschule verlassen und in ein unbekanntes Gebiet in Ecuador gehen soll. Nach einer Weile sagte ich leise: „Ja, Herr, du kannst mich in Ecuador überall hinschicken."

„Ich habe nicht Ecuador gesagt", kam die Antwort, „sondern überallhin."

Also nicht unbedingt nach Ecuador? Möglicherweise nicht nach Latein-Amerika? Vielleicht gar nicht aufs Missionsfeld? Einfach überallhin? Die Fragen überstürzten sich in mir. Lange blickte ich über die weite Wasserwüste des Pazifik und wußte, daß der Herr an meiner Seite stand und auf Antwort wartete.

Dann traf ich ruhig meine Entscheidung und sagte freimütig: „Ja, Herr, ich will überallhin gehen, wohin du mich schickst, wenn nur mein Leben ein ständiger Siegeszug mit dir sein könnte."

In diesen heiligen Augenblicken der Krisis hatte ich mich Ihm völlig übergeben. Wer wollte nicht überallhin gehen und nicht alles tun, was Er, der unaussprechlich teure Gefährte, bestimmte? Gab es etwas Herrlicheres, als Seinen Willen zu tun? Konnte man sicherer ruhen als in Seinem Willen? Lag in Seiner persönlichen Gegenwart nicht die Zusage, daß Er Gedanken des Friedens mit mir hatte und nicht des Leides?

Daß meine eigenen Pläne und Wünsche tot waren, empfand ich als unsagbar schön. Nun konnte ich alles zu Seinen durchgrabenen Füßen niederlegen: Leben und Tod, Gesundheit und Krankheit; ob mich andere verstanden oder mißverstanden, ob ich nach menschlichen Maßstäben Erfolg oder Mißerfolg hatte. Es kam nicht auf mich, sondern auf Ihn allein an.

Ich erinnerte mich an das Zeugnis Georg Müllers, als er von dem Augenblick sprach, in dem er dem eigenen Ich starb, dem Ehrgeiz, dem Lob und dem Tadel der Menschen – nur um in Christus leben zu können.

Wie lange ich mich in Seiner Gegenwart befand, weiß ich nicht. Die Entscheidung war getroffen. Ich war bereit, durch jede Tür zu gehen, ob sie groß oder klein war, und wenn es gar keine Tür für mich gab, war es mir auch recht. Ich vertraute dem treuen Herrn, daß Er „überschwenglich tun kann über alles, was wir bitten oder verstehen nach der Kraft, die da in uns wirkt". Es konnte für mich kein Selbstvertrauen mehr geben, keine geistliche Überheblichkeit, auch keine Weigerung, einen Weg zu gehen, den Er mich führen wollte, oder irgendcin Kreuz zu tragen, das Er mir auferlegte.

Nachdem ich mich für eine völlige Übergabe an den Heiland entschieden hatte, erhielt ich nun nach der unaussprechlich schönen Gemeinschaft mit Ihm den Auftrag: Überallhin! Zu diesem Auftrag gehörte die Verheißung „... der allezeit Sieg gibt in Christus – ein ständiger Siegeszug in Christus!"

Bald darauf wurde mir dieser göttliche Auftrag bestätigt. Einer unserer jüngeren Christen in Ecuador war rückfällig geworden, hatte sein Heimatland verlassen und war nach New York gegangen. Ich hatte aber keine Ahnung, wo er dort wohnte. Ich konnte nichts anderes tun als ernstlich beten: „Herr, ich möchte Gonzalo gern besuchen und ihn zu dir zurückbringen.” Aber wie sollte ich ihn unter den Millionen in New York finden? Ich war krank und arbeitsunfähig und mußte, wenn ich dort ankam, im Missionshaus im Bett bleiben.

Ein paar Tage nach unserer Landung hielten Charles und ich eines Abends unsere Andacht. Da klopfte es an die Tür, und herein kam – Gonzalo! Wir umarmten uns nach lateinamerikanischer Weise und weinten miteinander. Eine Stunde später war er wieder in die Gemeinschaft mit dem Herrn zurückgeführt.

Er führt uns allezeit zum Sieg – wenn wir bereit sind, überallhin zu gehen!

Das Leben wird mit diesem göttlichen Gefährten zu einem Abenteuer. Meine Gesundheit kehrte nach und nach wieder, und ich bekam einen Ruf an eine kleine Kirche am Stadtrand von Worcester, Massachusetts. Das Wort, das der Herr mir gab, war beruhigend und auch verheißend: „Fürchte dich nicht, liebes Land, sondern sei fröhlich und getrost; denn der Herr kann auch große Dinge tun” (Joel 2,21). Eine Zeitlang merkte ich nicht, daß diese Verheißung sich erfüllte. Aber eines Tages öffnete mir der Herr die Tür bei der Radiostation WORC für ein Morgenwache-Programm, das bis auf den heutigen Tag fortgeführt wird. Dann erlaubte mir der Herr auch, daß ich an der Clark-Universität weiterstudieren und den Doktorgrad der Philosophie erwerben konnte.

An einem Januartag im Jahre 1936, als es draußen noch finster und bitter kalt war, sagte der Herr in früher Morgenstunde zu mir: „Wheaton College.” Ich hatte niemals daran gedacht, und ich sträubte mich innerlich dagegen, es überhaupt in Erwägung zu ziehen, wenn es nicht ein ganz klarer Befehl von Gott war. Daher überließ ich die

Angelegenheit dem Herrn Jesus. Tatsächlich kam zwei Monate später gänzlich unaufgefordert die Bestätigung in Form einer Einladung vom Wheaton-College, Mitglied ihrer Fakultät zu werden.

In dem „Siegeszug" war die Verheißung von 4. Mose 9,20 wundervolle Wirklichkeit geworden: „Und wenn's war, daß die Wolke auf der Wohnung nur etliche Tage blieb, so lagerten sie sich nach dem Wort des Herrn und zogen nach dem Wort des Herrn."

In der Gemeinschaft mit Gott haben sich auch schon viele andere Verheißungen für mich persönlich erfüllt. Unter ihnen Jeremia 29,11: „Denn ich weiß wohl, was ich für Gedanken über euch habe, spricht der Herr: Gedanken des Friedens und nicht des Leides, daß ich euch gebe das Ende, des ihr wartet." Auch Johannes 10,4 ist eine bleibende Zusicherung: „Und wenn er alle die Seinen hat hinausgelassen, geht er vor ihnen hin, und die Schafe folgen ihm nach; denn sie kennen seine Stimme." Besonders stärkend in allen Lebenslagen ist das Wort aus Nahum 1,7, das für mich so etwas wie ein Wahlspruch fürs Leben geworden ist: „Der Herr ist gütig und eine Feste zur Zeit der Not und kennt die, die auf ihn trauen."

Das sind einige der Wirkungen, die eintreten, wenn man sich entschließt, Seinen Auftrag „Überallhin" anzunehmen, und Ihm vertraut, daß Er den Sieg geben wird. In dieses Abenteuer des Glaubens hat Gott viele Freunde hineingeführt: Seine Majestät Haile Selassie von Äthiopien und Ihre Exzellenz Madame Chiang Kai-shek im freien China; christliche Geschäftsleute wie Robert G. Le-Tourneau in Texas und Kenneth S. Keyes in Florida; einen Soldaten wie General William K. Harrison und einen führenden Missionar wie Cameron Townsend. Zu den Mitpilgern auf diesem leuchtenden Weg gehören auch frühere Studenten des Wheaton College wie Ruth und Billy Graham, Ed McCully und die Missionare Jim Elliot und Nate Saint, die den Märtyrertod in Ecuador starben.

Äthiopien und Mazedonien, Schweden und die Schweiz, Jordanien und Israel, Liberia und Peru, Korea, Formosa, Japan, Hongkong und Australien sind einige der Gebiete, in die mich der Herr in diesen arbeitsreichen und glücklichen Tagen zum Dienst ausgesandt hat, seit ich in Wheaton bin.

Der Befehl bleibt derselbe: Überallhin – „in alle Welt"; und ich darf wissen: Er ist bei mir allezeit – „alle Tage bis an der Welt Ende".

Häufig stellt mir Gott dieselbe Frage: „Willst du für mich zu jeder Zeit überallhin gehen?"

Die Antwort ist noch dieselbe. Und Gott gebe, daß sie es immer bleibt: „Ja, Herr – überallhin, allezeit, so daß mein Leben in der Tat ein ständiger Siegeszug mit dir sein möchte."

Überallhin – allezeit!

Auf ein Leben in der Gemeinschaft mit Gott durch den Heiligen Geist trifft in der Tat zu: „... der Gerechten Pfad glänzt wie das Licht, das immer heller leuchtet bis auf den vollen Tag."

Schluß

Das siegreiche Leben ist eine Tatsache, nicht nur ein Wunschtraum.

Sein Geheimnis ist einfach und doch tief. Einfach ist es für das gläubige und gehorsame Herz. Der aber, der es mit eigenem Willen und eigener Anstrengung ergründen will, kommt nicht damit zurecht. Es ist etwas, was man empfängt, nicht etwas, was man sich selbst aneignen kann. Es ist ein Geschenk und kein Verdienst. Es kommt von oben und nicht aus uns selbst. Es kommt vom Himmel und offenbart sich auf Erden. Es lebt aus unserem Sterben und nicht von unseren Taten.

Was ein jeder im einzelnen erlebt, ist ganz verschieden und hängt von der Persönlichkeit und den Lebensumständen ab. Davon abgesehen, vollzieht sich jedoch die Umwandlung bei jedem einzelnen nach dem gleichen Schema. Zuerst spürt man seinen Mangel und seine Leere. Jesus bringt es so zum Ausdruck: „Wen da dürstet …" (Joh. 7,37). In ähnlicher Lage betet der Psalmist: „Es dürstet meine Seele nach dir; mein Fleisch verlangt nach dir in einem trockenen und dürren Lande, da kein Wasser ist. Daselbst sehe ich nach dir in deinem Heiligtum, wollte gerne schauen deine Macht und Ehre" (Ps. 63,2.3).

Wenn sich dann die Seele dessen bewußt wird, gerät sie in Angst und Qual. Man erinnert sich der Seligpreisung: „Selig sind, die da hungert und dürstet nach der Gerechtigkeit, denn sie sollen satt werden" (Matth. 5,6). Hunger und Durst sind keine glücklichen Erfahrungen, aber sie führen zu wahrem Glück. Die Kreuzigung ist ein sehr schmerzhafter Vorgang, und die Seele, die sich nach der

Fülle des Lebens in Christus sehnt, muß erfahren, daß die Tür dazu der Tod des eigenen Ichs ist. Die Schrift erklärt das deutlich: „Welche aber Christus angehören, die haben ihr Fleisch gekreuzigt samt den Lüsten und Begierden" (Gal. 5,24). Wenn auch die Qual der Seele zuerst unerträglich zu sein scheint, so erlebt man dann, wenn sie überwunden ist, doch die herrliche Wirklichkeit, die in Galater 2,20 beschrieben wird: „Ich lebe; doch nun nicht ich, sondern Christus lebt in mir. Denn was ich jetzt lebe im Fleisch, das lebe ich im Glauben an den Sohn Gottes, der mich geliebt hat und sich selbst für mich dargegeben."

Dann folgt eine ganze, vorbehaltlose Herzensübergabe an den Heiland. Des eigenen Ich und der Sünde überdrüssig, gehorchen wir dem klaren Gebot von Römer 6,13: „... ergebet euch selbst Gott, als die da aus den Toten lebendig sind, und eure Glieder Gott zu Waffen der Gerechtigkeit." Auch das Wort aus Römer 12,1.2 wird uns wichtig: „Ich ermahne euch nun, liebe Brüder, durch die Barmherzigkeit Gottes, daß ihr eure Leiber gebet zum Opfer, das da lebendig, heilig und Gott wohlgefällig sei. Das sei euer vernünftiger Gottesdienst. Und stellt euch nicht dieser Welt gleich, sondern verändert euch durch Erneuerung eures Sinnes, auf daß ihr prüfen möget, was Gottes Wille ist, nämlich das Gute und Wohlgefällige und Vollkommene."

Ein besseres Leben kann man jedoch nicht dadurch erlangen, daß man sich nur danach sehnt und sich lange beim Kreuz aufhält. Man muß es sich aneignen, indem man glaubt, daß der Heilige Geist unser Leben mit der Gegenwart des Herrn Jesus erfüllen kann. Das geschieht durch Glauben und nicht durch Werke. Die Schrift sagt: „Das allein will ich von euch erfahren: Habt ihr den Geist empfangen durch des Gesetzes Werke oder durch die Predigt vom Glauben?" (Gal. 3,2). So wie wir die Erlösung durch den Glauben empfangen, so erhalten wir auch das ausgetauschte Leben durch den Glauben. So wie wir den Herrn Jesus durch den Glauben als unseren Retter annehmen müssen, so empfangen wir durch einfachen Glauben die Fülle des Heiligen Geistes. So wie wir den Herrn Jesus als unseren Sündenträger annehmen, so müssen wir den Heiligen Geist als unseren Lastenträger annehmen. So wie wir den Heiland als Sühnopfer für unsere früheren Sünden annehmen, so müssen wir den Heiligen Geist als den annehmen, der die Macht über die jetzt noch in uns wohnenden Sünden hat. Jesus ist unser Sühnopfer, der Heilige Geist ist unser Fürsprecher. In der Erlösung empfangen wir neues Leben, durch den Heiligen Geist finden wir volle Genüge. In jedem Falle können wir uns beides nur durch den Glauben aneignen, und nur durch den Glauben allein.

Wenn wir das neue Leben angenommen haben, müssen wir durch den Glauben in Jesus bleiben. Er hat doch gesagt: „Bleibet in mir und ich in euch. Gleichwie die Rebe kann keine Frucht bringen von sich selber, sie bleibe denn am Weinstock, so auch ihr nicht, ihr bleibet denn in mir. Ich bin der Weinstock, ihr seid die Reben. Wer in mir bleibt und ich in ihm, der bringt viel Frucht; denn ohne mich könnt ihr nichts tun" (Joh. 15,4.5). Bleiben ist Gehorsam gegenüber Seinem Willen. In 1. Johannes 3,24 heißt es: „Und wer seine Gebote hält, der bleibt in ihm und er in ihm. Und daran erkennen wir, daß er in uns bleibt, an dem Geist, den er uns gegeben hat." In Ihm bleiben bedeutet nicht Ringen und Kämpfen, sondern Ruhen in Ihm und unbedingter Gehorsam Ihm gegenüber. Ein Leben, das Ihm ausgeliefert ist und in Ihm bleibt, ist ein Leben in ständiger Hingabe.

Das ausgetauschte Leben ist ein Leben, das überfließt. Der Heiland verspricht, von dem geisterfüllten Leben ‚Ströme lebendigen Wassers' fließen zu lassen (Joh. 7,39). Das Leben voller Genüge ist für uns bestimmt (Joh. 10,10). Und dieses Leben ist in der Tat ein ständiges Abenteuer, denn man erlebt, wie wahr das Wort aus Johannes 10,4 ist: „Und wenn er alle die Seinen hat hinausgelassen, geht er vor ihnen hin, und die Schafe folgen ihm nach; denn sie kennen seine Stimme." Wer weiß, wohin Er führen wird und was Er sagen wird? Das Ohr lauscht gespannt auf Seine Stimme, und das Herz achtet voll Erwartung darauf, was der liebende Herr als nächstes tun wird.

Und dieses Leben kann dein und mein Leben sein!